Konstantin Knoll

„Politisch von Leitung gewünscht"
Das Bundesministerium der Verteidigung und
die Entstehung des Multi Role Combat Aircraft (MRCA)

Schriften zur Geschichte der Deutschen Luftwaffe, Band 12

Konstantin Knoll

„Politisch von Leitung gewünscht"

Das Bundesministerium der Verteidigung und die Entstehung des Multi Role Combat Aircraft (MRCA)

Schriften zur Geschichte der Deutschen Luftwaffe, Band 12

begründet, herausgegeben und eingeleitet
von Heiner Möllers und Eberhard Birk

2024

Carola Hartmann Miles-Verlag

Bibliografische Information der Deutschen Nationalbibliothek
Die Deutsche Nationalbibliothek verzeichnet diese Publikation in der Deutschen Nationalbibliografie; detaillierte bibliografische Daten sind im Internet über www.dnb.de abrufbar.

© 2024 Carola Hartmann Miles-Verlag, Berlin
www.miles-verlag.jimdo.com
email: miles-verlag@t-online.de

Herstellung: BOD – Books on Demand, Norderstedt

Titelbild:
Panavia 200 Tornado der Luftwaffe in der Folierung zum 50. Jahrestag des Erstfluges am 14. August 1974.
Quelle: Bundeswehr/Kommando Luftwaffe, Marcello Totaro, 25. März 2024

Printed in Germany

ISBN 978-3-96776-081-1

Inhalt

Vorwort

Rüstungsgüterentwicklung ist seit dem ausgehenden 20. Jahrhundert nur selten allein die Angelegenheit einer einzelnen Nation. Allenfalls in totalitären Staaten mit zentralistischer Wirtschaftslenkung, wie z.B. China, Russland und in Teilen auch der Türkei, entwickelt ein Unternehmen allein ein Rüstungsgut – und selbst eine solche Annahme ist schwer zu belegen. In vielen Fällen ist die Entwicklung neuer Panzer, Flugzeuge, Schiffe und selbst Handwaffen ein internationaler Prozess (wenigstens, wenn man die hinter den Unternehmen stehenden Eigentümerkonstrukte betrachtet). Für die 1949 gegründete Bundesrepublik Deutschland und ihre 1955 aus der Taufe gehobenen Streitkräfte trifft dieses in besonderen Maße zu: Ihre Rüstungsunternehmen, die vom nationalsozialistischen Rüstungsboom profitiert hatten, waren im Zuge der Niederlage demontiert und mit Beschäftigungsverboten belegt worden. Erst nach 1955 konnten sich Firmen wie Messerschmitt, Focke Wulf und andere namhafte Flugzeugbauer wieder in ihrem Kerngeschäft betätigen. Die dann erfolgende Übernahme von Wartungsaufgaben für die Erstausstattung der deutschen Luftwaffe wie auch die Lizenzproduktion und Weiterentwicklung des Lockheed F-104 „Starfighters" für die Luftwaffe und einige europäischer NATO-Partner konnte allerdings nur ein Anfang sein. Früher oder später mussten diese Firmen oder die daraus entstehenden Zusammenschlüsse auf dem kleiner werdenden Markt sowie angesichts der schnellen technischen Entwicklungen mit eigenen Ideen hervortreten – und sich durchsetzen, wenn sie bestehen wollten.

Die deutsche Luftwaffe stand Mitte der 1960er Jahre derweil vor der Herausforderung, ihre gesamte Kampfflugzeugflotte ersetzen zu müssen. Die Suche nach Nachfolgemustern für Lockheed F-104G und Fiat G-91 mündete rasch im Wunsch nach einem vollwertigen Mehrzweckkampfflugzeug, das die Rollen seiner Vorgänger in sich vereinen und gleichzeitig um weitere Fähigkeiten erweitern sollte. Das Schlagwort von der „eierlegenden Wollmilchsau" scheint hier erneut in Mode gekommen zu sein, denn zuvor hatte die Luftwaffe schon den „Starfighter" zu einer solchen machen wollen, ohne Erfolg.

Das daraufhin in Bundesverteidigungsministerium und Industrie geborene Projekt „Neues Kampfflugzeug" (NKF) wurde rasch zum zentralen Hoffnungsträger für den Führungsstab Luftwaffe und die deutschen Luftfahrtunternehmen. Die Luftwaffe sah die Chance, ihre Zusammenarbeit mit ihren europäischen Partnern auf die nächste Stufe zu heben und gleich die ganze europäische „Starfighter"-Flotte durch das NKF zu ersetzen. Damit rückte auch der Traum der deutschen Industrie von einem eigenen Flugzeug mit breiter europäischer Nutzerbasis in greifbare Nähe.

Mit Belgien, den Niederlanden, Italien und dem Interessenkandidaten Kanada war es der Luftwaffe gelungen, eine Gruppe veritablen Ausmaßes hinter der Idee eines gemeinsamen Kampfflugzeuges zu versammeln. Mit dem NKF stand dafür ein Musterentwurf bereit, der gemäß den Anforderungen der deutschen Luftwaffe konzipiert und im Wesentlichen in Deutschland hätte entwickelt und gefertigt werden können.

Hierbei traten, wie diese Studie von Konstatin Knoll zur Entstehung des Multi Role Combat Aircraft (MRCA), des späteren Panavia 200 „Tornado", darstellt, vielfältige Abstimmungsprobleme auf. Die deutsche Idee des NKF war nur bedingt mit den britischen Vorstellungen von einem gemeinsamen Kampfflugzeug vereinbar, oder anders: die Royal Air Force suchte ein anderes Flugzeug als die Luftwaffe. Letztere fand sich damit in einem Dilemma gefangen, das sie in sämtlichen internationalen Kooperationen vom Alpha Jet über den Eurofighter bis hin zum A400M begleiten würde – wie viel militärischer Kompromiss ist für eine politisch und wirtschaftlich gesetzte Zusammenarbeit zumutbar? Und was passiert, wenn dieser Rahmen gesprengt wird?

Zur Geschichte des Tornados gehört dann schließlich auch, dass er eben ein tiefstflugfähiger Jagdbomber mit einigen Limitierungen wurde. Unter Flugzeugführern hieß es später: Der Tornado fliegt sehr tief sehr gut, sehr hoch sehr schlecht. Der schnelle Konturflug bei Nacht und schlechtem Wetter war dabei eine vergleichsweise rare Fähigkeit bei den Luftwaffen der NATO-Partner. In den 1990ern wuchs das Portfolio des Tornados um eine weitere Spezialrolle. Mit der ECR-Variante (Electronic Combat Reconnaissance) entstand das bis heute einzige, dediziert europäische Flugzeugmuster für die Aufklärung und Niederhaltung der gegnerischen Luftverteidigung. Das passt so gar nicht zum knappen Text auf den Werbeplakaten, mit denen die Luftwaffe bis in die frühen 2000er Jahre ihre „Waffensysteme" vorstellte. Demnach könnte der grundsätzlich (also immer?) Tornado Mach 2+ fliegen – tatsächlich konnte das kaum ein voll beladener Tornadojagdbomber, allenfalls die britische Jägervariante F1 bzw. F3, die über andere Triebwerke verfügte. Freilich ist der Bau des Tornados in technischer und militärischer Hinsicht ein europäisches Erfolgsprojekt: In weiten Teilen unabhängig von der US-Luftfahrtindustrie bauten mehrere Konzerne unter dem gemeinsamen Dach der eigens dazu gegründeten Panavia Aircraft GmbH und Turbo-Union Ltd dieses Kampfflugzeug. Natürlich haben sich einige der potenziellen Partner-Luftwaffen frühzeitig aus dem Projekt verabschiedet und die auch in den späten 1960er Jahren entwickelte General Dynamics F-16 „Falcon" gekauft – und ähnliches sollte sich später bei der Entwicklung und Produktion des „Taktischen Kampfflugzeuges (TKF)" abspielen, aus dem mit viel Anlauf und einigen Problemen der „Eurofighter" geworden ist.

Gerade vor dem Hintergrund der Projekte NKF und TKF ist es bedeutsam, dass Konstantin Knoll sich der Entstehungsphase des MRCA gewidmet hat. Hier werden politische Einflüsse, administrative Einmischung sowie außenpolitische Ambitionen zusammengebunden, die letztlich dafür sorgen, dass die Luftwaffe ein anderes Flugzeug bekam, als sie ursprünglich beabsichtigt hatte.

Eberhard Birk und Heiner Möllers
Löwenstein und Potsdam im Frühjahr 2024

Einleitung

Kampfflugzeuge sind ein elementarer Fähigkeitsträger moderner Streitkräfte und bilden klassischerweise den technisch komplexesten Bestandteil in ihrem Arsenal. Hinter ihrer Entwicklung verbergen sich großangelegte Technologieprojekte, ihre Beschaffung gehört zu den kostspieligsten Unterfangen, die Staaten im Bereich der öffentlichen Sicherheitsfürsorge unternehmen können. Durch ihren breiten Innovationsanspruch sowie den Ausblick auf die Weiterentwicklung industrieller Fähigkeiten entfalten Luftrüstungsprogramme dabei einen volkswirtschaftlichen Investitionscharakter, der sie nicht nur zu einem industrie-, sondern auch einem außenpolitischen Gestaltungsmittel prädestiniert. Das zwischen diesen Polen aufreißende *„Spannungsfeld von Politik, Wirtschaft und Militär"*[1] lässt internationale Rüstungsprogramme zum Ausdrucksort vielfältigster Interessen, Konflikte und Dynamiken werden, was ihre historische Aufarbeitung genauso herausfordernd wie ergiebig macht.

Vor diesem Hintergrund ist die Geschichte zweier der bedeutendsten Waffensysteme der Luftwaffe bereits eingehend untersucht worden. Mit der Einführung der Lockheed F-104G gelang es den deutschen Luftstreitkräften in den 1960er Jahren, auf einen mit ihren westlichen Partnerluftwaffen vergleichbaren Leistungsstand aufzuschließen. Bei der Analyse der dahinterliegenden Entscheidungen und Prozesse hat Claas Siano den immensen Einfluss industriepolitischer Rationale herausgearbeitet, die den militärischen Gesichtspunkten mindestens ebenbürtig gewesen zu sein schienen.[2] Eine noch stärkere Marginalisierung des „militärischen Pols" stellte Thomas Raabe bei der Untersuchung des Entwicklungsprojektes fest, das Ende der 1970er angestoßen wurde und Anfang der 2000er Jahre in der Einführung des EUROFIGHTER bei der Luftwaffe mündete. Als europäisches Kooperationsprogramm wurde der industriepolitische Faktor nicht nur multinational potenziert, es trat auch das politische Ziel der Bundesrepublik hinzu, die europäische Integration vor dem Hintergrund des technologischen Wettbewerbs mit den USA weiter voranzutreiben bzw. wenigstens ein Mindestmaß europäischer Kohäsion aufrechtzuerhalten.[3]

Bei Betrachtung der Linie vom „Starfighter" als erstem High-Tech-Kampfflugzeug der Bundeswehr[4] hin zum EUROFIGHTER als dem heutigen Rückgrat der

---

[1] Dieses Sinnbild findet sich sowohl bei ANDRES (1996) als auch SIANO (2016), allerdings verzichten beide Autoren darauf, dieses Gleichnis zu einem echten Model auszubauen. Diese Arbeit setzt auf dem „Spannungsfeld-Begriff" auf, muss dabei an dieser Stelle aus Platzgründen allerdings eine weitere methodische Aufbereitung des Terminus schuldig bleiben.

[2] Vgl. SIANO (2016), S. 76, 79, 82f., 84, 337-340.

[3] Vgl. RAABE (2019), S. 369-371.

[4] Die F-104G war sowohl bei der Luftwaffe als auch der Marine im Einsatz. Die noch geringe Sichtbarkeit der fliegenden Kampfverbände der Marine in der Forschung ist überaus bedauerlich, da hier sowohl für die Geschichte der deutschen Luftrüstung als auch das

fliegenden Kampfverbände der Luftwaffe fällt rasch das Fehlen eines wesentlichen Kernstücks auf: Das Ende der 1960er Jahre entworfene „Multi Role Combat Aircraft" (MRCA), das als TORNADO Anfang der 1980er in die deutschen Streitkräfte eingeführt wurde und die Brücke zwischen den Flugzeuggenerationen bildet.

Die aktuelle Standardpublikation zur Geschichte des MRCA bildet bis dato die Dissertationsschrift des früheren Luftwaffenoffiziers Alfred Mechtersheimer, die mit ihrem Erscheinen 1977 eher als Zeitzeugendokument, denn als geschichtswissenschaftlich tragfähige Abhandlung verstanden werden muss. Sein komplexes und durchaus eindrucksvolles Werk leidet nachvollziehbarerweise am damals eingeschränkten Quellenzugang; es weist für seine maßgeblichen Thesen lediglich anonyme Interviews als Belege aus.[5] Umso wichtiger erscheint vor diesem Hintergrund eine aktenbasierte Untersuchung und Einordnung der Geschichte des MRCA, für die diese Arbeit einen ersten Anstoß liefern will.

Gleichsam tritt sie an, eine weitere Perspektive für die Untersuchung von Rüstungsprojekten zu erschließen, indem sie sich bei ihrer Betrachtung auf den Binnenkosmos des Bundesministeriums der Verteidigung (BMVtg)[6] konzentriert. Dadurch wird die schrittweise Marginalisierung des militärischen Pols im „Spannungsfeld von Politik, Wirtschaft und Militär" besonders sichtbar werden. Es entsteht das Bild eines Projektes, das aus militärischem Bedarf heraus geboren wurde, um binnen weniger Monate in den Mahlstrom der Politik gesogen zu werden. Die Binnenbetrachtung macht dabei auch die Dynamik zwischen den verschiedenen organisatorisch-hierarchischen Schichten im Ministerium greifbar.

War es zu Beginn gerade die Abteilungsleiterebene des „ministeriellen Mittelbaus", die das Programm vorantrieb und die Referenten, Referats- und Unterabteilungsleiter der „Arbeitsebene" mitriss, erwuchsen aus diesen Reihen bald darauf vehemente Kritiker des Programms, die offen dessen Einstellung forderten. Es entbrannte ein internes Ringen um das Rüstungsvorhaben, bei dem sich die politische Hausleitung gegen die Militärs und Techniker des Mittelbaus und der Arbeitsebene durchsetzte. Dabei werden Dynamiken deutlich, die die Bedeutung des Individuums auf allen Ebenen unterstreichen. Das Verteidigungsministerium war kein homogenes Gebilde, in dem abseits exponierter Leitungsfiguren mechanisch Prozesse abgearbeitet wurden, sondern

---

Binnengefüge in BMVtg und Bundeswehr aufschlussreiche Erkenntnisse zu erwarten wären. So war es bezeichnenderweise die Marine, deren Marinefliegergeschwader 1 im Jahre 1982 als erster Verband der Bundeswehr den TORNADO einführte. 2005 ging das Muster gemeinsam mit dem Auftrag „Seekriegführung aus der Luft" geschlossen an die Luftwaffe.

5 So Mechtersheimer selbst: *„Es war nicht immer möglich, Interviewaussagen genau zu belegen. Im Konflikt zwischen einem für jedermann nachvollziehbaren Zitatbeleg und einem sonst nicht darstellbaren wichtigen Aspekt wurden methodische Fragen vernachlässigt"* (vgl. MECHTERSHEIMER (1977), S. 13).

6 Im Rahmen der „Reform der Struktur von Bundesregierung und Bundesverwaltung" wurde die Abkürzung für das Bundesministerium der Verteidigung im Verlaufe des Jahres 1969 von „BMVtg" in das bis heute verwendete „BMVg" geändert (vgl. BUNDESARCHIV (2023a)). Die Arbeit nutzt im Folgenden die zur Zeit des Geschehens gültige Abkürzung „BMVtg".

Ausdrucksort vielfältigster Motive, Ziele und individuellen Gestaltungswillens auf allen Hierarchiestufen. Diese Heterogenität ließ Bündnisse und Verwerfungen innerhalb des Hauses entstehen, die von der Komplexität des „Organismus BMVtg" auch jenseits des Rüstungsprojektes MRCA zeugen.

Die Geschichte der Entstehung des Multi Role Combat Aircraft selbst erstreckt sich über einen Zeitraum von über zehn Jahren. Seine Wurzeln liegen im „Neuen Kampfflugzeug" (NKF), das 1967 im Führungsstab der deutschen Luftwaffe erdacht und Anfang 1968 in ein multinationales Projekt überführt wurde. Im Juli desselben Jahres unterzeichneten die Bundesrepublik Deutschland, Großbritannien, Italien und die Niederlande die erste Regierungserklärung über den gemeinsamen Eintritt in die Konzeptphase für das inzwischen als „Multi Role Combat Aircraft" bezeichnete Flugzeug.

Der Prototyp P01 des „Multi Role Combat Aircraft" hatte am 14. August 1974 in Manching mit einer deutsch-britischen Besatzung seinen Erstflug.
Bild: Panavia.

Auf dem gleichen Wege trat das Projekt im Mai 1969 in die Definitionsphase ein, auch wenn mit den Niederlanden ein wesentlicher Partner verloren gegangen war. Als Ergebnis der in diesem Programmabschnitt geleisteten Arbeiten wurde die technische Auslegung des MRCA im Juli 1970 fixiert und der gemeinsame Eintritt in die Entwicklungsphase durch eine weitere Regierungserklärung vollzogen. Der erste Prototyp des MRCA flog 1974, die Serienfertigung begann 1976, ab 1982 konnte die Bundeswehr die ersten Verbände auf das neue Muster umrüsten. Die im Rahmen des Projektverlaufs explosionsartig ansteigenden Kosten sollten das MRCA dabei politisch erheblich belasten und sogar zur parlamentarischen Aufarbeitung im Rahmen eines Untersuchungsausschusses führen.[7]

Die Geschichte des MRCA und der Menschen, die an seinem Entstehen wirkten, würde eine wesentlich breitere Aufarbeitung verdienen, als sie im Rahmen der hier gesetzten Umfangsbeschränkung möglich ist. Um dennoch die notwendige analytische Tiefe erreichen zu können, wird sich diese Arbeit auf einen überschaubaren, aber dennoch sehr prägnanten Ausschnitt des Programms und der handelnden Akteure beschränken.

Um Ziele, Konflikte und Durchsetzungsstrategien sichtbar zu machen, bietet sich der Zeitraum an, in dem die technische und organisatorische Auslegung des MRCA-Programms international verhandelt und festgelegt wurde. Durch diesen Ansatz würde der Untersuchungszeitraum auf die Zeit bis zum Abschluss der Definitionsphase 1970 begrenzt. Bei näherer Betrachtung wird allerdings deutlich, dass im Abschluss dieser Definitionsphase lediglich die Beilegung eines zentralen Konfliktes kulminierte, der das Projekt seit seinem Beginn 1968 durchzog – die Frage danach, was für ein Flugzeug das MRCA eigentlich werden sollte. Nachdem bereits bis Ende 1968 die richtungsweisenden Kompromisse zum industriell-organisatorischen Set-up des Programms erzielt worden waren, rangen die beteiligten Nationen noch fast zwei Jahre um die technisch-taktische Ausgestaltung des MRCA. 1970 endete dieses Ringen damit, dass der Führungsstab der Luftwaffe (Fü L) und die Abteilung „Wehrtechnik" (T) im BMVtg die Vorstellung „ihrer" Version des MRCA zu Gunsten eines primär von Großbritannien geprägten Designs aufgaben.

Auch bei den zu betrachtenden Akteuren ergibt sich die Notwendigkeit einer Beschränkung. Auf nationaler Ebene wird sich diese Arbeit auch innerhalb des Verteidigungsministeriums auf einige maßgebliche Entitäten und die zwischen ihnen auftretenden Spannungen konzentrieren. Den Kern bildet dabei das Dreigestirn aus ministerieller Leitungsebene, dem Führungsstab der Luftwaffe und der Hauptabteilung II („Rüstung"), zu der auch die Wehrtechniker der Abteilung T gehörten. Die ministerielle Arbeitsebene entfaltete dabei im MRCA-Programm eine erhebliche Gestaltungswirkung, die eine Betrachtung bis hinunter auf die Ebene einzelner Referenten notwendig macht. Deren individuelle Hintergründe und Werdegänge umfassender aufzuarbeiten, wäre ein überaus reizvolles Unterfangen, das hier jedoch zu Gunsten des größeren Gesamtbildes in den Hintergrund treten muss. Dies gilt ebenso für die Unterrichtungspraxis des Ministeriums gegenüber dem Verteidigungs- und Haushaltsausschuss des Deutschen Bundestages. Weitere, durchaus bedeutsame Akteure innerhalb des BMVtg würden eine tiefere Betrachtung lohnen, die diese Arbeit leider nicht leisten kann. Darunter fallen insbesondere die Führungsstäbe der Marine und der Streitkräfte, die im Programm als wesentliche (Mit-)Bedarfsträger bzw. militärische Gesamtplaner in Erscheinung traten.

---

[7] Für den Verlauf des MRCA-Programmes nach 1970 vgl. RAABE (2020), S. 146-148.

Jenseits des BMVtg muss die deutsche Luftfahrtindustrie zumindest ausschnittsweise mitbetrachtet werden, da sie als wesentlicher wirtschaftlicher und politischer Treiber des MRCA-Programms auftrat und mit dem Ministerium in einer komplexen Beziehung stand.

Auf internationaler Ebene werden wiederum weitere Einschränkungen nötig. Das Projekt war vom Führungsstab der Luftwaffe von Beginn an als internationale Kooperation mit den europäischen F-104-Nutzern Belgien, Italien und den Niederlanden angedacht, geriet jedoch rasch in das klassische außenpolitische Spannungsfeld bundesrepublikanischer Rüstungsgeschichte, die von der steten Bemühung um eine ausreichend tiefe Kooperation mit den Vereinigten Staaten, Großbritannien und Frankreich geprägt war. Mit dem Vereinigten Königreich trug das BMVtg aber den mit Abstand größten und dadurch erkenntnisreichsten Konflikt im Programm aus. Daher wird diese Arbeit den internationalen Anteil so weit wie nur möglich auf Großbritannien beschränken. Dem müssen überaus interessante Aspekte wie die enge Allianz der deutschen und niederländischen Luftwaffen leider genauso zum Opfer fallen wie die in den Verhandlungen mit Großbritannien immer wieder bewusst ins Spiel gebrachte Androhung einer Beteiligung Frankreichs.

Die wesentlichen Reibungspunkte in der Entstehungsgeschichte des MRCA hatten wirtschaftliche, militärische oder außenpolitische Wurzeln, fanden aber Ausdruck in sehr konkreten technischen Debatten um die Auslegung des Flugzeuges, wie der Frage nach der Nutzung variabler Flügelgeometrie oder US-amerikanischer Triebwerke. Auch wenn sie viel Raum für weitere fruchtbare Untersuchungen bieten würde, wird sich die Einbeziehung der technischen Dimension im Folgenden auf jene Aspekte beschränken müssen, die für das Verständnis der prägenden Konfliktlinien im Kooperationsprojekt MRCA notwendig sind.

Insgesamt wird die vorliegende Arbeit einen vierteiligen Ansatz verfolgen: Zunächst wird – erstens – die Darstellung der wesentlichen strategischen, militärischen, und industriellen Rahmenbedingungen in der Bundesrepublik und Großbritannien notwendig, um die weiteren Abhandlungen einordnen zu können. Anschließend werden – zweitens – die verschiedenen Akteure im BMVtg und ihre Motive herausgearbeitet, die es in einem ersten Zwischenfazit als ursprüngliches Zielbild für die sich anschließende Konfrontation mit Großbritannien festzuhalten gilt. Die Verhandlungsphase bildet sodann – drittens – den Hauptteil der Arbeit, wobei die verschiedenen Akteure, Zielkonflikte und Wirkmechanismen im Mittelpunkt der Betrachtung stehen. Um die Ergebnisse in den Kontext des weiteren Verlaufs der Definitionsphase stellen zu können, wird dieser Abschnitt um einen kurzen Epilog bis zum Sommer 1970 ergänzt. Schlussendlich werden – viertens – die Ergebnisse der Untersuchung einer Bewertung unterzogen, um drei zentrale Forschungsfragen beantworten zu können:

1. Mit welchem Erfolg konnten die Ziele des Verteidigungsministeriums beim Aufsatz des MRCA-Programms erreicht werden?

2. Welche Konstellationen und Wirkmechanismen trugen jeweils dazu bei und welche Rückschlüsse erlauben sie auf das Verteidigungsministerium im „Spannungsfeld von Politik, Wirtschaft und Militär"?

3. Wie lassen sich die Erkenntnisse vor dem Hintergrund der F-104G-Beschaffung und der Entwicklung des späteren EUROFIGHTER einordnen?

Forschungsstand

Wie eingangs bereits erwähnt, bildet der Umstand, dass Claas Sianos Werk zur Beschaffung der F-104G und Thomas Raabes Abhandlung zur Geschichte des späteren EUROFIGHTER keine geschichtswissenschaftlich ebenbürtige Untersuchung[8] für die Entstehung des MRCA-Programms gegenübersteht, den Ausgangspunkt dieser Arbeit.

Um einen ersten Beitrag zum Füllen dieser Forschungslücke zu leisten, sollen im Folgenden erstmalig die Akten des „Systembeauftragten für das Waffensystem Neues Kampfflugzeug/Multi Role Combat Aircraft" (SBWS NKF/MRCA) ausgewertet werden. Wie noch darzustellen sein wird, war dieses Organisationselement ein komplexes Gebilde, das sich weiter über die natürliche Person des Systembeauftragten selbst erstreckte, um die Vielzahl der mit dem technisch und politisch komplexen Vorhaben befassten Stellen zu koordinieren. Es fungierte als zentrale Kompilierungsinstanz aller operativen Vorgänge um das NKF bzw. MRCA, was sich in einem umfangreichen und stark heterogenen Aktenbestand niederschlägt. Hier finden sich Berichte, Weisungen und Vermerke über unterschiedlichste fachliche und hierarchische Ebenen hinweg — von der Arbeitsgruppensitzung bis hin zur Ministervorlage.

Die Vielzahl der Vorgänge und die mitunter unklare Urheberschaft der Unterlagen stellen dabei nicht nur eine Herausforderung für die Forschung dar, sondern machten bereits den Zeitgenossen zu schaffen.[9] Nach ausreichender Durchdringung des Bestandes eröffnen sich jedoch zahlreiche aufschlussreiche Einblicke in den

---

8 Auf die geschichtswissenschaftlichen Einschränkungen der Dissertation von MECHTERSHEIMER (1977) ist in der Einleitung bereits verwiesen worden. Allerdings mahnt auch der spätere politische Werdegang Alfred Mechtersheimers (1939-2018) zu einem reflektiert aufmerksamen Umgang mit seinem Werk. Nachdem er in den 1980er Jahren aus der Bundeswehr ausgeschieden war und Bundestagsabgeordneter der Grünen war, deutete er seinen Friedensbegriff im Verlaufe der 1990er Jahre zunehmend völkisch um. Sein Wirken galt nunmehr der *„konsequente[n] Fortsetzung des Kampfes gegen die Fremdbestimmung deutscher Verteidigungspolitik".* Der Verfechter einer *„nationalen Revolution"* erkannte vermeintliche *„jüdische Interessen"* als Einflussfaktor deutscher Politik, trat verstärkt als Redner und Publizist im rechtsextremen Milieu auf und wurde zu einer seiner prägenden Figuren. Für Hintergründe und Zitate vgl. Karrieren. Taube im Stahlhelm. In: Der SPIEGEL, HEFT 6/1997 vom 2.2.1997.

9 So greifbar bei BArch, BW 1/181399, Schreiben UAL Fü L I (BG Krüger) an Dr. Trienes bzgl. Zeichnungsbefugnis T IV 2 für SBWS vom 20.10.1968 sowie dessen Replik als FüL/SBWS-NKF (!) vom 28.10.1968.

Maschinenraum der ministeriellen Arbeit bei Aufsatz und Gestaltung des Rüstungskooperationsprojektes MRCA.

Analytischen Mehrwert erhalten diese durch den Vergleich mit den Akten des Ministerbüros, das dem Verteidigungsminister und seinem zuständigen Staatssekretär über den Fortschritt des Programms, Entscheidungsbedarfen und Problemen berichtete. Die hier rasch aufreißende Schere zwischen Programm- und Berichtsrealität bildet einen der Kernpunkte dieser Arbeit.

Für eine ganzheitliche historische Aufarbeitung des MRCA wäre dieser Quellenansatz zu limitiert und bürge die unmittelbare Gefahr einer einseitig auf die Interpretation der deutschen Ministeriellen begrenzte – und damit potentiell verfälschte – Darstellung. Durch den exklusiven Fokus auf die Innenperspektive des BMVtg erscheint dieser Ansatz aber angemessen, um die dort wirkenden Ziele, Konflikte, Konstellationen und Mechanismen ausreichend aussagefähig analysieren zu können.

Um der nach wie vor nicht völlig überkommenen Herausforderung des eingeschränkten Aktenzugangs[10] Rechnung zu tragen, haben sich zeitgenössische Autoren[11] häufig auf Presseberichterstattung abgestützt. Ihren Anspruch einer exklusiven Betrachtung der Binnenebene des Verteidigungsministeriums folgend, wird diese Arbeit darauf bewusst verzichten, wobei ein Abgleich der internen und öffentlichen Wahrnehmung des MRCA-Programms durchaus lohnen könnte. Die einzige Ausnahme in dieser Richtung bilden die historischen Publikationen des Führungsstabes der Luftwaffe und der ministeriellen Rüstungsbeamten in ihren jeweiligen Jahrbüchern.[12] Diese präsentierten einer Fachöffentlichkeit aktuelle Gedankengänge sowohl auf Entscheider- als auch Expertenebene. Die sich hier abzeichnenden internen Diskurse, prominenten „Hausmeinungen",[13] sowie die Veröffentlichungen einiger am Programm Beteiligter liefern dabei nützliche Hinweise für die Interpretation des Archivmaterials.

Der Aktenzugang ist indes bis heute nur eingeschränkt möglich. Dies begründet sich nicht allein damit, dass der Jagdbomber Panavia 200 TORNADO, wie das MRCA heute heißt, aktuell noch durch die Luftwaffen der Bundesrepublik Deutschland,

---

[10] Für exklusiv deutsche Unterlagen ist dies nur in seltenen Fällen noch ein Problem, durch die enge Bindung an die NATO und die internationalen Programmpartner sind Fremdverschluss-einstufungen aber ein limitierender Faktor. Die Protokolle der Sitzungen auf Ebene der Luftwaffenchefs, Ministervertreter und der militärischen Arbeitsgruppen sind dadurch nicht einsehbar. Eine entsprechende Entsperrung wäre eine wichtige Voraussetzung für eine tiefergehende Analyse der Geschichte des MRCA-Programms.

[11] Vgl. dazu neben Alfred Mechtersheimer beispielsweise auch HIMMELHEBER (1977), S. 4.

[12] Gemeint sind das im Untersuchungszeitraum jeweils jährlich erscheinende „Jahrbuch der Luftwaffe" und „Jahrbuch Wehrtechnik".

[13] Sowohl der Inspekteur der Luftwaffe, Generalleutnant Johannes Steinhoff, als auch der Abteilungsleiter „Wehrtechnik" im Verteidigungsministerium, Albert Wahl, traten in ihren jeweiligen Jahrbüchern in der Regel mit einem einleitenden Wort zur Lage in Erscheinung.

Italiens und Saudi-Arabiens genutzt wird. Vor allem aber unterliegen die Akten zu der mit diesem Flugzeug, verbunden seinerzeitigen technischen Neuentwicklungen (z.B. des Terrain Following Radars) und der Einsatzszenarien, weiterhin der militärischen und technischen Geheimhaltung.

Forschungsliteratur zur Einbettung des Programms in die politische, wirtschaftliche und militärische Rahmenlage ist reichlich vorhanden. Hier stechen sowohl Christopher M. Andres quellenstarkes Werk zur Geschichte der bundesdeutschen Luft- und Raumfahrtindustrie[14] als auch Thomas Raabes Abhandlung zum Airbus-Projekt[15] hervor. Beide aktenbasierten Untersuchungen berühren das MRCA-Programm bereits, stoßen jedoch nachvollziehbarerweise nicht in die Tiefe des Projektes vor.[16] Gleiches gilt für das unangefochtene Standardwerk „Die Luftwaffe 1950 bis 1970", das einen detaillierten Überblick zur politischen, militärisch-konzeptionellen und rüstungstechnischen Ausgangslage der Luftwaffe gibt. Während der Sammelband unverzichtbare Erkenntnisse für die Wurzeln des MRCA-Projektes enthält, rutscht das Vorhaben selbst über die Abbruchkante des 1970 endenden Untersuchungszeitraumes und findet an der sonst erreichten Tiefe gemessen nur wenig Beachtung.[17]

Um den Führungsstab der Luftwaffe als Organisationselement innerhalb des Verteidigungsministeriums besser greifen zu können, bildet dessen anlässlich seiner Auflösung 2012 veröffentlichte Chronik ein nützliches Hilfsmittel. Hier werden unter Rückgriff auf Akten und Zeitzeugen wertvolle Einblicke in Struktur und Arbeitsweise des Stabes angeboten.[18]

Für die Person des im Untersuchungszeitraum amtierenden Inspekteurs der Luftwaffe, Generalleutnant Johannes Steinhoff, zeichnen derweil die Veröffentlichungen von Heiner Möllers[19] und Eberhard Birk[20] ein umfassendes Bild.

Die Hintergründe der im MRCA prominent in Erscheinung tretenden Akteure bleiben dabei jedoch oftmals dringende Forschungsdesiderate. Abgesehen von Inspekteur Steinhoff werden insbesondere in der für das Projekt nicht minder bedeutsamen

---

[14] ANDRES (1996).

[15] RAABE (2020).

[16] Andres widmet dem Vorhaben durchaus eine tiefe Untersuchung, beschränkt sich dem Fokus seiner Arbeit folgend aber auf die Aktenbestände der Industrie.

[17] Vgl. LEMKE (2006), S. 419-423.

[18] Vgl. KOMMANDO LUFTWAFFE (2013), S. 11-38, 52, sowie 370 für einen kurzen Beitrag zu Gerhard Limberg als Inspekteur der Luftwaffe 1974-1978.

[19] MÖLLERS (2011) u. (2012).

[20] BIRK (2012), hier insbesondere zu Steinhoffs Anforderungen an den Offizierstypus in der Luftwaffe.

„zweiten" Reihe zahlreiche Leerstellen deutlich.[21] Für die Luftwaffenoffiziere kann das biographische Sammelwerk „Kriegsgedient: Die Generale und Admirale der Bundeswehr" von Clemens Range eine erste Abhilfe schaffen, die allerdings nicht frei von Einschränkungen bei Personenkreis oder wissenschaftlicher Güte bleibt.[22] Ähnliches gilt für die online verfügbare Liste „Luftwaffe Officer Career Summaries" von Henry L. de Zeng IV and Douglas G. Stankey, die unter Bezugnahme auf britische Akten und eine umfassende Bibliographie die Laufbahnen von annährend 100.000 Offizieren der Wehrmachtluftwaffe erfasst. Hier lassen sich zwar stichpunktartige Informationen zur Wehrmachtslaufbahn der Akteure recherchieren, über deren Werdegänge nach Kriegsende finden sich jedoch nur in den seltensten Fällen Auskünfte. Dieser für die Angehörigen des Führungsstabs der Luftwaffe knappen Forschungslage steht die vollständige Fehlanzeige bei den zivilen Beamten in der Hauptabteilung Rüstung gegenüber. Die wissenschaftliche Aufarbeitung dieses ministeriellen Organisationsbereiches, seiner Kultur und der Menschen, die ihn prägten, wäre für ein breites Verständnis der bundesrepublikanischen Rüstungsgeschichte von großem Nutzen. Es ist dieser Arbeit ein Anliegen, dazu einen weiteren Anreiz zu liefern.

---

[21] Stellvertretend seien hier die im weiteren Verlauf vorgestellten Akteure Gerhard Limberg, Hans-Georg Schiffers, Heinz Birkenbeil, Helmut Meyn, Horst Krüger und Johannes Trienes genannt.

[22] Für die notwendige kritische Einordnung vgl. LOCH (2017).

1. Die Hintergründe

a) Deutschlands europäische Kohäsionsbestrebungen und die integrative Rolle luftfahrtindustrieller Kooperation

Die europäische Integration gehörte zu den drängendsten außen- und wirtschaftspolitischen Zielen der Bundesrepublik. Im dafür besonders bedeutsamen Projekt der Europäischen Wirtschaftsgemeinschaft (EWG) entwickelten sich zwischen Frankreich auf der einen und den restlichen fünf Pioniernationen[23] auf der anderen Seite in den 1960er Jahren jedoch zunehmend unterschiedliche Visionen über deren Ausgestaltungen.

Auch Großbritannien, das seinen globalen Geltungsanspruch zunehmend zugunsten eines stärker europäischen Schwerpunktes reduzierte, hatte zu Beginn der 1960er Jahre erstmals Interesse an einem Beitritt zur EWG bekundet. 1963 lehnte der französische Staatspräsident De Gaulle dieses Begehr mit der Unterstützung Bundeskanzler Adenauers ab.[24] 1967 brachte das zu diesem Zeitpunkt in eine veritable wirtschaftliche Schieflage gerutschte Vereinigte Königreich diesen Wunsch erneut vor, wurde allerdings mit dem Verweis auf seine ökonomisch brisante Lage zum wiederholten Male abgewiesen.[25] Aus der Perspektive Bonns war ein britischer Beitritt unter den richtigen wirtschaftspolitischen Bedingungen allerdings nach wie vor überaus wünschenswert, um die EWG auf noch breitere ökonomische und außenpolitische Füße zu stellen. Gleichzeitig versprach die Aufnahme des Vereinigten Königreiches ein wirksames Gegengewicht gegenüber dem starken französischen Führungsanspruch in der Gemeinschaft. Die Bundesregierung war daher bemüht, Großbritannien aller EWG-Rückschläge zum Trotz an Deutschland und Europa zu binden und die europäische Tür so weit wie möglich aufzuhalten.[26]

In der Kooperation im Luft- und Raumfahrtbereich hatte sie dabei ein besonders günstiges Mittel erkannt. In diesem Bereich trachteten sowohl die Briten als auch Frankreich danach, die US-amerikanische Marktdominanz zu brechen und suchten dabei nach europäischen Partnern, um die zunehmend steigenden Kosten für solche Entwicklungen zu schultern.[27] Deutschland war dabei zum einen als Absatzmarkt und zum anderen als Geldgeber interessant, zumal auch Bonn damit begonnen hatte, die Investitionen in seine Luftfahrtindustrie aufzustocken. [28] Somit konnte die Bundesrepublik im Bereich der zivilen und militärischen Luftfahrtkooperation durchaus attraktive

---

23 Belgien, (West-)Deutschland, Italien, Luxemburg, Niederlande.

24 Vgl. BRUNN (2002), S. 154-156.

25 Vgl. BRUNN (2002), S. 157-159.

26 Ebd., für eine Einschätzung der damals handelnden Personen siehe die Erinnerungen Karl Carstens', der Mitte der 1960er Jahre sowohl im Auswärtigen Amt als auch Bundesministerium der Verteidigung einen Posten als Staatssekretär bekleidete, vgl. CARSTENS (1993), S. 381f.

27 Vgl. ANDRES (1996), S. 354-364.

28 Vgl. ANDRES (1996), S. 360.

18

Angebote machen, um die für das europäische Projekt nötige außen- und wirtschafts-politische Kohäsion aufrechtzuerhalten.

b) Der NATO-Strategiewechsel und seine Bedeutung für die Luftwaffe

Ihrer Integration in die NATO folgend waren die deutschen Streitkräfte in ihrer militä-rischen Konzeption auf die Doktrin des Bündnisses ausgelegt. Um das in den 1950er und 1960er Jahren evidente konventionelle Übergewicht des Warschauer Paktes in Eu-ropa kompensieren und dessen Einsatz glaubhaft abschrecken zu können, sah diese seit 1957 im Rahmen der „Massive Retaliation" vor, jedwede militärische Aggression sofort mit einer nuklearen Eskalation zu beantworten. Spätestens Anfang der 1960er Jahre waren die atomaren Potentiale beider Blöcke allerdings so weit angewachsen, dass ein „Gleichgewicht des Schreckens" erreicht war, in dem ein Einsatz von Nuklearwaffen die gegenseitige Auslöschung aller beteiligten (und mittelbar auch unbeteiligten) Par-teien zur Folge gehabt hätte.[29] Vor diesem Hintergrund verlor die Androhung, selbst einer begrenzten Aggression[30] sofort eine atomare Eskalation mit potentiell apokalyptischen Aus-wirkungen folgen zu lassen, zunehmend an Glaubwürdigkeit.[31]

Am 12. Dezember 1967 gipfelte diese jahrelange Aushöhlung dieser zentralen Prämisse der „Massive Retaliation" in der offiziellen Übernahme des neuen Konzeptes der „Flexible Response". An die Stelle der binären Logik von Frieden und sofortiger atomarer Eskalation trat nunmehr ein Ansatz, der eine von Absicht und Umfang der gegnerischen Aggression abhängige Reaktion vorsah. Grundlage dafür bildet die Fähig-keit, begrenzte Angriffe mit konventionellen Mitteln abweisen zu können und den Geg-ner so zur potentiell selbstzerstörerischen atomaren Eskalation oder aber eben zur Ein-stellung seines Vorhabens zu zwingen. Erst wenn der Aggressor durch den Einsatz erheblicher konventioneller oder gar nuklearer Kräfte eine „ernste" politische Angriffs-absicht offenbart hätte, würde es zu einer gezielten nuklearen Eskalation durch die NATO kommen, wofür der demonstrative Einsatz von Atomwaffen gegen taktische Ziele im gegnerischen Operationsgebiet geplant war. Erst im als unwahrscheinlich er-achteten Fall einer weiteren, nuklearen Eskalation war der Einsatz des strategischen Nuklearpotentials der NATO vorgesehen. Militärische Grundlagen dafür waren starke,

---

[29] War diese der Massive Retaliation innewohnende Konsequenz bei ihrer Entstehung noch nicht im vollen Maße evident, trat das deterministische Ausmaß des Zerstörungspotentials der Waffen im Laufe der Zeit immer deutlicher zu Tage; vgl. STEINHOFF/POMMERIN (1992), S. 32-35, 39-42.

[30] Begrenzt im Sinne der zugrundeliegenden politischen Ambition, des militärischen Kräftean-satzes und der regionalen Ausdehnung.

[31] Für den langen Prozess des Strategiewechsels vgl. beispielsweise KRÜGER (2006), STEIN-HOFF/POMMERIN (1992), LEMKE (2006) (hier im Schwerpunkt S. 151-267) und SCHREIBER (2018).

permanent einsatzbereite sowohl konventionelle als auch nukleare Kräftedispositive, die je nach Aggressionsumfang des Gegners annährend verzögerungslos zum Einsatz gebracht werden konnten. Während den konventionellen Kräften in der „Massive Retaliation" im Wesentlichen der Schutz des nuklearen Potentials zugekommen wäre, wurde nunmehr wieder von ihnen erwartet, begrenzte Aggressionen auch „auf sich selbst gestellt" abweisen zu können. Vor diesem Hintergrund war die Bundesrepublik, deren Staatsgebiet in dieser Logik als Verzögerungszone gedient hätte, besonders darum bemüht, möglichst umfangreiche konventionelle Kräfte auf ihrem Gebiet vorzuhalten, um eine konventionelle Aggression nach möglichst geringen Raumverlusten stoppen und zurückwerfen zu können.[32]

Diese Emanzipation des konventionellen Kampfes war dabei in der deutschen Luftwaffe mit einem fundamentalen Umbruch verbunden, denn sie war bis dahin fast exklusiv auf ihren atomaren Auftrag im Rahmen der „Nuklearen Teilhabe" zugeschnitten.[33] Ihr Fähigkeitsprofil, ihre Struktur und ihre Ausstattung machten eine gleichberechtigte Wahrnehmung nuklearer und konventioneller Aufgaben fast unmöglich.[34]

c) Die deutsche Luftfahrtindustrie und ihre Rolle als industriepolitische Projektionsfläche

Die deutsche Luftfahrtindustrie war im Verlaufe des Zweiten Weltkrieges als Bestandteil des nationalsozialistischen Rüstungskomplexes und seines menschenverachtenden „Wirtschaftssystems" zu einer der weltweit führenden ihrer Art aufgestiegen.[35] Nach Kriegsende waren ihre Anlagen weitgehend durch Luftangriffe zerstört und die verbliebenen Betriebsstätten von den Alliierten zur „*vollkommene*[n] *Liquidierung* [ihres] *industriellen Rüstungspotentials*"[36] demontiert worden. Für die Westalliierten Besatzungszonen und die spätere Bundesrepublik wurde zudem ein Betätigungsverbot ausgesprochen,

---

32 Für eine offizielle Darstellung der Doktrin der „Flexible Response" vgl. NORTH ATLANTIC MILITARY COMMITTEE (1968). Für die Entwicklungslinien der NATO-Doktrin und die Bedeutung des konventionellen „Schildes" vgl. STEINHOFF/POMMERIN (1992), S. 21-31, 50-53; SCHREIBER (2018), S. 46-55 oder auch KOMMANDO LUFTWAFFE (2013), S. 5-8, 53.

33 Die Verschiebung des Anforderungsprofils hatte schon wesentlich früher begonnen, war aber noch nicht angenommen worden. Für die erste „Konventionalisierung" der Anforderungen an die Luftwaffe vgl. KRÜGER (2006), S. 53; für deren Widerstand vgl. SCHREIBER (2018), S. 71-73.

34 Vgl. SCHREIBER (2018), S. 73. Zu dieser Einschätzung kam auch die Luftwaffe selbst, siehe BArch, BL 1/13554, „Lagebeurteilung der Luftwaffe 1967", S. 164, sowie BL 1/14707, Sprechzettel anl. Besprechung InspLw mit AL T, H, W und Fü L I am 18.8.1967 (Anlage), S. 1-4.

35 Stellvertretend für die Verbindungen zum NS-System sowie die Abstützung auf Zwangsarbeiter und KZ-Gefangene vgl. SPOERER/VERVLOED (2021).

36 ANDRES (1996), S. 165.

das erst im Kontext der Verhandlungen zur westdeutschen Wiederbewaffnung 1955 aufgehoben wurde.

Als die Unternehmen ihre Betriebstätigkeit Mitte der 1950er Jahre wieder aufnahmen, verfügten sie nur noch über einen Bruchteil ihrer ursprünglichen Entwicklungs- und Fertigungskapazitäten und hatten zudem zehn Jahre technologischen Rückstand aufzuholen. Als wesentlicher „Aufbauhelfer" fungierte hier die neu aufgestellte bundesrepublikanische Luftwaffe, für die die deutsche Luftfahrtindustrie vergleichsweise simple ausländische Muster[37] in Lizenz herstellte und/oder in der Wartung betreute. Einen immensen Schritt nach vorn bedeutete die Lizenzproduktion der Lockheed F-104G, die zu Anfang der 1960er Jahre begann. Damit konnte die deutsche Luftfahrtindustrie Kapazitäten und Know-how aufbauen, die sie im Fertigungsbereich international wieder anschlussfähig werden ließen.[38]

Um das Prädikat einer „vollwertigen" Luftfahrtindustrie wiederzuerlangen, bedurfte es neben Fertigungskompetenz aber auch der Fähigkeit zum Design und der Entwicklung von Flugzeugen. Hier wurden Ende der 1950er Jahre unter der Ägide von Verteidigungsminister Franz Josef Strauß erste Entwicklungsprogramme aufgelegt, die bewusst auf technische Pionierleistungen abzielten.[39] Besonderer Schwerpunkt lag dabei auf senkrecht startenden und landenden Flugzeugen, die vor dem Hintergrund der zu dieser Zeit geltenden NATO-Doktrin der „Massive Retaliation" eine großflächige Dislozierung weg von der zielscheibenartigen Infrastruktur fester Flugplätze ermöglichen sollte. Die von der deutschen Luftfahrtindustrie erwarteten technologischen Durchbrüche gelangen zwar bis zur Mitte der 1960er Jahre tatsächlich,[40] allerdings waren die entwickelten Senkrechtstarter wegen ihres zusätzlichen Hubantriebes nicht nur vergleichsweise teuer, sondern erforderten eine logistische Infrastruktur, die den Vorteil der Dislozierung vollkommen aufzehrten. Zudem hatte die zunehmende Flexibilisierung der NATO-Strategie auch das bedarfsbegründende militärische Szenario des sofortigen nuklearen Schlagabtausches ausgehöhlt.[41]

Mitte der 1960er waren fast alle F-104G und Fiat G.91 für die Bundeswehr produziert und ausgeliefert worden. Gleichzeitig zeichnete sich die Gewissheit ab, dass die Luftwaffe die entwickelten Senkrechtstarter nicht in Serie abnehmen würde. Es war der deutschen Industrie so nicht vergönnt, ihre vollwertige Fähigkeit, ein Flugzeug vom Design bis zur Übernahme in die Truppe zu führen, unter Beweis zu stellen. Damit fehlte nicht nur der finale Nachweis der eigenen Leistungsfähigkeit, sondern auch ein

---

[37] Einzige nationale Ausnahme war das von der Firma Dornier eigenständig entwickelte und der Bundeswehr erfolgreich angebotene leichte Propellerflugzeug Do 27.

[38] Vgl. ANDRES (1996), S. 223f. und 228f.; zum F-104G-Programm selbst vgl. SIANO (2016).

[39] Vgl. ANDRES (1996), S. 229-231.

[40] Bestes Beispiel dafür ist die erfolgreiche Erprobung des bisher einzig überschallschnellen, senkrechtstartenden Jagdflugzeuges VJ-101C, vgl. dazu SIANO (2016), S. 162.

[41] Vgl. SIANO (2016), S. 154-168.

Nachfolgemuster für die Auslastung der jüngst aufgebauten Fertigungskapazitäten. Die deutsche Luftfahrtindustrie, die ihre Umsätze fast ausschließlich über das militärische Geschäft mit der Bundeswehr erwirtschaftete, [42] sah sich daher mit einer existenziellen Bedrohung konfrontiert. [43]

Letzter Hoffnungsträger im Bereich der militärischen Luftfahrt war das „Advanced Vertical Strike" (AVS) Projekt, das man, nachdem man sich mit den nationalen VTOL-Projekten zumindest im Entwicklungsbereich wieder zu internationalem Renommee zurückgekämpft hatte, ab 1964 gemeinsam mit der US-amerikanischen Industrie für die US Air Force und die deutsche Luftwaffe vorantrieb.

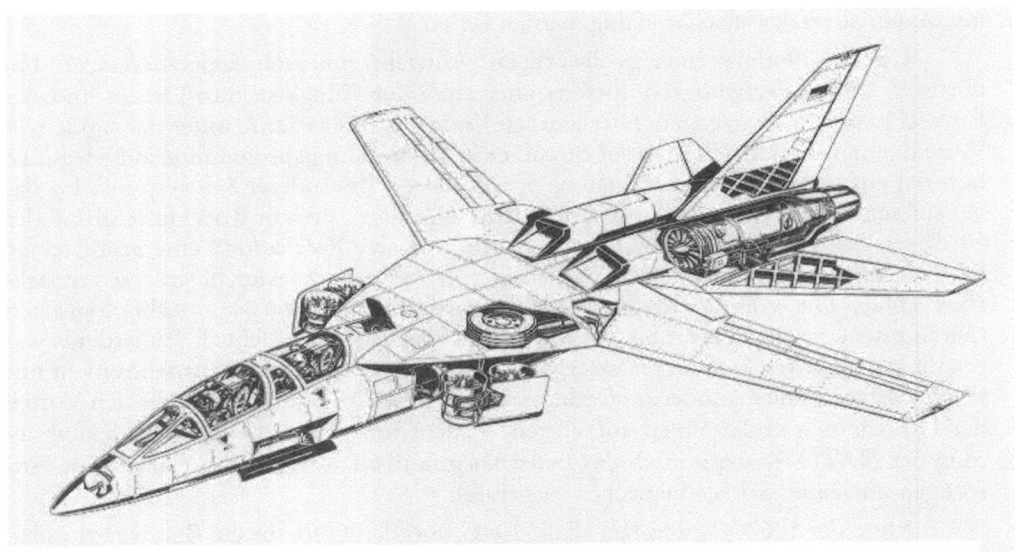

Eine technische Skizze des AVS. Das futuristische Design, das nicht nur mit sechs Triebwerken, sondern auch schwenkbaren Flügeln ausgestattet werden sollte, sprengte wenig überraschend den Rahmen des für die Luftwaffe finanziell Zumutbaren. Für den EWR bzw. Messerschmitt-Bölkow setzte das Projekt allerdings erkennbar Maßstäbe für den eigenen Innovationsanspruch, der das MRCA-Projekt maßgeblich prägen würde.
Quelle: Bestand Panavia/O. Friedrich, Aktenbox 34, Mappe „Fairchild/EWR", Mai 1967.

---

42 BArch, BW 1/181344, Aufzeichnung AL W zur Frage der Konzentration der deutschen Luftfahrtindustrie vom 19.3.1968. Aus der Tatsache, dass 79% der Aufträge der Unternehmen aus dem Bereich des militärischen Luftfahrtgerätes stammten, ergäbe sich gemäß Abteilungsleiter Bode deren *„völlige Abhängigkeit vom öffentlichen Auftraggeber, insbesondere vom BMVtg."* (ebd., S. 1).

43 Vgl. ANDRES (1996), S. 225.

Eine künstlerische Darstellung des AVS beim „very short takeoff" aus einer gemeinsamen Broschüre von Fairchild (später Boeing) und dem Entwicklungsring Süd (EWR). Beachtenswert sind die Schubumlenkklappen der Marschtriebwerke im Heck sowie die seitlich aus dem Rumpf ausgefahrenen zusätzlichen Hubtriebwerke, die gemeinsam die notwendige Startstrecke auf ein Minimum verkürzen oder bei nur leichter Nutzlast völlig obsolet machen sollten. Quelle: Bestand Panavia/O. Friedrich, Aktenbox 34, Mappe „Fairchild/EWR", Mai 1967.

Das AVS-Projekt geriet 1967 in erhebliche Schieflage und schuf damit einen zentralen Ausgangspunkt für die Entwicklung des MRCA. Auch wenn es 1968 eingestellt wurde, erlaubte es der deutschen Industrie, maßgebliche Kenntnisse beim Management von internationalen Entwicklungsprogrammen aufzubauen, auf die sie sich im Verlauf der MRCA-Verhandlungen immer wieder berufen würde.[44]

Die deutsche Luftfahrtindustrie profitierte bei ihrem Existenzkampf erheblich von einem politischen Sonderstatus, der weit über ihre militärische Bedeutung bei

---

[44] Für das AVS-Projekt vgl. BArch, BL 1/14707, Sprechzettel anl. Besprechung InspLw mit AL T, H, W und Fü L I am 18.8.1967 (Anlage), S. 8-12 sowie die Notizen zur Besprechung im Pentagon mit Mr. Warnke vom 12.10.1967 (Anlage). Vgl. ebenso ANDRES 1996, 249-256.

Aufbau und Versorgung der Streitkräfte hinausging. Schon Mitte der 1950er war es gelungen, das Narrativ der „Schrittmacher-Branche" zu etablieren, deren Innovationen auch allen anderen Industriezweigen zugutekommen würden. Diese in Regierung und Parlament konsensfähige Ansicht ermöglichte das Aufbringen der immensen Förderungssummen, die für den Wiederaufbau einer international anerkannten Luftfahrtindustrie benötigt wurden. Dies betraf besonders den Bereich der zivilen Luftfahrt, in dem Marktmechanismen weniger stark durch eine souveränitätsgetriebene Staatsnachfrage aufgefangen wurden und der Rückstand der nach wie vor primär militärisch geprägten deutschen Luftfahrtindustrie besonders stark ins Gewicht fiel. Hier hatte die US-amerikanische Konkurrenz eine fast monopolartige Stellung aufgebaut, die ihr Briten und Franzosen zunächst noch mit nationalen Eigenentwicklungen streitig zu machen versuchten. Als die Europäer angesichts der sich auftürmenden Kostenlast begannen, ihre Kräfte in Gemeinschaftsprojekten zu bündeln, war auch die Bundesregierung fest entschlossen, die deutsche Industrie auf ein international kooperationsfähiges Niveau zu heben.[45]

Als Voraussetzung dafür wurde die Konsolidierung der deutschen Luftfahrtindustrie gesehen. Mit der „Hamburger Flugzeugbau" (HFB), den „Vereinigten Flugtechnische(n) Werken"[46] (VFW) aus Bremen, den Münchener Firmen „Bölkow" (Bö) und „Messerschmitt" (Me) sowie der Friedrichshafener „Dornier" (Do) verteilten sich deren Fertigungs- und Entwicklungskapazitäten, Know-how und Kapital auf ganze fünf Flugzeughersteller, denen auf sich allein gestellt jeweils keine sonderlich großen Chancen auf internationalen Erfolg zugerechnet wurde.[47] Wollte Deutschland im wettbewerbsgetriebenen Gebiet des Passagierflugzeugbaus eine Rolle spielen, war eine gießkannenartige Verteilung der Fördermittel auf verschiedene Firmen keine veritable Option. Die Konsolidierung der frakturierten nationalen Industrielandschaft wurde dadurch zu einem maßgeblichen industriepolitischen Ziel. Dabei waren Großprogramme ein besonders effektives Mittel, um die Unternehmen zu Kooperation und Fusion zu motivieren. Für den zivilen Flugzeugbau kulminierte dieser Ansatz im französisch-britisch-deutschen „Airbus"-Programm, das als bedeutendes industrie- und europapolitisches Projekt 1967 ins Leben gerufen worden war.[48]

Die zivile Diversifizierung des Portfolios der deutschen Luftfahrtindustrie erschien dabei nicht zuletzt deshalb angezeigt, weil die reine Auslastung ihrer Fertigungs- und Entwicklungskapazitäten über die Nachfrage der Bundeswehr die Bundesregierung

---

[45] Für die Schrittmacherfunktion vgl. ANDRES 1996, 534f.

[46] In VFW waren unter anderem Focke-Wulf und Heinkel aufgegangen.

[47] Zur Wahrnehmung aus dem BMVtg mit Eindrücken aus dem parlamentarischen Raum siehe BArch, BW 1/384102, Stellungnahme AL W an HAL II zur Konzentration der deutschen Flugzeugindustrie vom 8.2.1968 sowie Notiz AL T für Stv. AL T zu Fusionsfragen vom 29.2.1968, insbesondere S. 3.

[48] Vgl. ANDRES (1996), S. 354-364 oder auch RAABE (2020), S. 18-21.

vor wachsende Herausforderungen stellte. Das Scheitern der nationalen Senkrechtstarterprogramme sowie der absehbar erfolglose Versuch, diese in das binationale AVS-
Projekt zu retten, hatten dieses Problem offensichtlich werden lassen. Damit wurde
auch im Bereich der militärischen Luftfahrt eine Konsolidierung zwingend notwendig
– nur so waren die nationalen Entwicklungs- und Fertigungskapazitäten aufrechtzuerhalten, die die Grundlage für eine maßgebliche Teilhabe an europäischen Kooperati-
onsprojekten bildeten.[49]

Industriepolitisch galt es also ein neues militärisches Programm zu finden, das
die Kapazitäten der deutschen Industrie absehbar auszulasten und ihre Leistungsfähigkeit weiter zu stärken versprach und gleichzeitig eine Anreizwirkung zur Konsolidierung
bzw. Fusion der nationalen Unternehmenslandschaft entfalten konnte. Eine europäische Kooperation bot sich vor diesem Hintergrund nicht nur aus außen- und europapolitischen Gründen an, sondern verhieß auch Kostenaufteilung, den Absatz größere
Stückzahlen und die lang erhoffte Verankerung der deutschen Luftfahrtindustrie im europäischen Markt.[50]

d) Gleiche Lage, gleiche Interessen?
Großbritannien als natürlicher Partner

Die 1960er Jahre waren für das Vereinigte Königreich eine Phase des imperialen Rück-
baus. Das Land plagte sich mit strukturell tiefgreifenden wirtschaftlichen Problemen,
die das Empire zu einer Abkehr von seiner globalpolitischen Ambition zwang. Infolge-
dessen begann man sich in Großbritannien wirtschaftlich und verteidigungspolitisch auf
Europa zu konzentrieren. Daraus resultierten die eingangs bereits beschriebenen Versuche Großbritanniens, der EWG beizutreten, um so die Wirtschaft des Landes durch
Zugang zum europäischen Binnenmarkt sanieren zu können. Auch im militärischen Bereich stieß das Vereinigte Königreich eine maßgebliche Konsolidierung an, um zu dringend benötigten Einsparungen zu kommen. So wurde der rasche Rückzug aus dem
Mittleren und Fernen Osten („East of Suez") beschlossen, wobei die freiwerdenden
Truppenkontingente aufgelöst werden sollten. Der militärische Fokus Großbritanniens
verschob sich damit auf Europa und die NATO.[51]

---

[49] Vgl. ANDRES (1996), S. 537. Für eine überaus aufschlussreiche Bewertung der deutschen
Luftfahrtindustrie im Spannungsfeld von Politik, Wirtschaft und Militär vgl. ANDRES (1996),
S. 527-542.

[50] Andres fast die Bemühungen der Bundesregierung in dieser Zeit sehr passend als den Versuch zusammen, die Luftfahrtindustrie *„aus der staatlichen Abhängigkeit zu lösen"* (ANDRES 1996,
S. 538), wobei man durchaus argumentieren könnte, dass sie diese durch die auf die Branche
projizierten industrie- und verteidigungspolitischen Ambitionen selbst mitverschuldet hatte.

[51] Für die Einschätzung des BMVtg vgl. BArch, BW 1/583817, Vortrags-Vorlage Fü S II vom
3.7.1968 über Rückzug der britischen Streitkräfte östlich von Suez für die Sitzung des BVR
am 4.7.1968.

Die wirtschaftlichen Schwierigkeiten des Vereinigten Königreiches hatten erhebliche Auswirkungen auf die Planungen der Royal Air Force (RAF).[52] Mit ihren „V-Bombern"[53] war sie die Trägerin der strategischen Nuklearfähigkeit Großbritanniens. Der technische Fortschritt insbesondere im Bereich der Boden-Luft-Raketen hatte den klassischen strategischen Bomber aber so verwundbar gemacht, dass die Flugzeuge nunmehr als obsolet gelten mussten. Seit 1962 war klar, dass die RAF diese Aufgabe an die Royal Navy würde abgeben müssen, deren nunmehr atomar bewaffnete U-Boote diese Rolle übernehmen sollten.[54] Damit verringerte sich das atomare Portfolio der britischen Luftwaffe absehbar auf die taktische Ebene.[55] Hier verfügte sie mit der English Electric CANBERRA über ein erprobtes Muster, das allerdings auch erste technische Obsoleszenzen aufwies. Ende der 1950er wurde mit der Arbeit an einem „TSR2"[56] genannten und technisch überaus ambitionierten Nachfolger begonnen. Eine fortschrittliche Konstruktionsweise und modernste avionische Ausrüstung sollte das Flugzeug dazu befähigen, auch im Tiefstflug Aufklärungssensoren und Waffen zum Einsatz zu bringen, wodurch es für die bodengebundene Flugabwehr des Gegners nur schwer zu bekämpfen gewesen wäre. Trotz hoher Nutzlast sollte es kurzstartfähig sein und dabei hohe Reichweiten von bis zu 1.000 Meilen erfliegen können, was auch eine Zweitverwendung als strategischer Bomber möglich gemacht hätte.[57] Das Projekt wurde 1965 aus fiskalischen und politischen Gründen zugunsten einer Kauflösung aufgegeben,[58] in deren Rahmen US-amerikanische Jagdbomber vom Typ F-111 hätten beschafft werden sollen. Parallel dazu hatten Briten und Franzosen zwei Gemeinschaftsprogramme aufgesetzt, die die Entwicklung eines taktischen Kampfflugzeuges für die Heeresunterstützung (JAGUAR) und ein tieffliegendes Aufklärungs- und Luftangriffsflugzeug mittlerer Reichweite („Anglo French Variable Geometry", AFVG) vorsahen.[59] Letzteres sollte den Großteil der V-Bomberflotte ersetzen. Während der erste Prototyp des leichten Kampfflugzeugs 1968 starten sollte, trat Frankreich sehr zum Missfallen Großbritanniens im Sommer 1967 aus dem AFVG-Projekt aus. Im Januar 1968 fiel die F-111 einer

---

[52] Zu den Turbulenzen in den Planungen für die britischen Luftstreitkräfte vgl. die Einschätzung des damaligen Entscheidungsträgers Sir Frank Cooper bei COOPER (1993), S. 17-20.

[53] Die „V-Force" bestand aus den strahlgetriebenen Bombertypen „Valiant", „Victor" und „Vulcan".

[54] Vgl. COOPER 1993, 14-17 u. 20. Die Royal Navy übernahm die strategische Nuklearrolle mit der ballistischen Rakete POLARIS offiziell 1969 von der Royal Air Force.

[55] Für die „Konventionalisierung" der V-Bomber und ihres Auftrages vgl. MOORE (2015), S. 23.

[56] Die Bezeichnung geht vermutlich auf den intendierten Auftrag „Tactical Strike/Reconaissance" zurück.

[57] Für Genese und Konzeption des TSR2 vgl. MEARS (1998), S. 13f., oder auch WILSON (1998), S. 24-26.

[58] Für die maßgeblichen Entwicklungen und Rationale vgl. exemplarisch COOPER (1998).

[59] Für das Verhältnis JAGUAR und AFVG vgl. HERON (2002), S. 11.

neuen Einsparungswelle zum Opfer.[60] Der britischen Luftwaffe fehlte damit nach zehn Jahren und drei Projekten immer noch ein Flugzeug für den (nuklearen) Luftangriff und die Aufklärung.[61]

Diese Lücke plagte indes nicht nur die RAF, sondern auch die britische Luftfahrtindustrie. Auch die britische Regierung hatte mit dem TSR2-Projekt ein Großvorhaben genutzt, um eine weitgehende Konsolidierung ihrer nationalen Luftfahrtindustrie zu forcieren, die Anfang der 1960er Jahre zur Bildung der British Aircraft Cooperation (BAC) geführt hatte.[62] Mit dem Abbruch des TSR2-Programms war der BAC ihr Flaggschiffprojekt im Bereich der militärischen High-Tech-Luftfahrzeuge abhandengekommen. Angesichts der knappen Finanzlage im Vereinigten Königreich erging Mitte der 1960er Jahre zudem die industriepolitische Maxime, keine nationalen Alleingänge bei den teuren Entwicklungsvorhaben im Luftfahrtbereich mehr zu wagen, sondern die Kooperation mit internationalen Partnern zur Voraussetzung zu machen. So sollten die Kostenlast geteilt und die Vermarktungschance der entwickelten Produkte gesteigert werden.[63] Mit dem AVFG-Projekt hatte die BAC den Versuch unternommen, ihre über das TSR2-Programm entwickelte technologische Ambition im politisch geforderten internationalen Kooperationsrahmen umzusetzen. Als auch dieses Projekt im Sommer 1967 scheiterte, drohte die britische Industrie im Bereich der militärischen Luftfahrt in die Perspektivlosigkeit abzurutschen.

Vergleicht man die Konstellationen in Großbritannien und der Bundesrepublik, fallen zahlreiche Übereinstimmungen auf. Mit dem verteidigungs- und wirtschaftspolitischen Umschwenken des Vereinigten Königreiches auf Europa und die NATO war eine erhebliche Interessenangleichung Bonns und Londons einhergegangen, auch wenn die Motive nicht unbedingt deckungsgleich gewesen sein mochten. Gleichzeitig war man 1966/67 auch in Deutschland zum ersten Mal in der Geschichte der jungen Republik in eine – wenn auch wirtschaftlich weit weniger gravierende – Rezession gerutscht. Beide Nationen trachteten danach, ihre Luftfahrtindustrien auszulasten und die Kosten dafür möglichst auf viele Schultern zu verteilen, wobei für Bonn die außen- bzw. europapolitischen Aspekte mindestens gleichauf mit den industriell-wirtschaftlichen lagen. Auf der Unternehmensseite suchten sowohl die BAC als auch die deutsche Industrie nach neuen Auffangprojekten für ihre technologischen Aushängevorhaben. Auch militärisch schien eine Kooperation erstrebenswert, hatten doch sowohl die deutsche als auch die britische Luftwaffe ab 1975 Bedarf nach einem für ihre jeweiligen Aufträge existenziellen Nachfolgemuster. Dass die gemeinsame Entwicklung eines neuen Kampfflugzeuges unter diesen Umständen zweckmäßig erschien, kann so kaum

---

[60] Vertiefende Informationen zum Schicksal der britischen F-111-Beschaffung bei MOORE (2015).

[61] Für die Einschätzung der Konsequenzen des Abbruchs der F-111-Beschaffung vgl. MOORE (2015), S. 22f.

[62] Vgl. BAE SYSTEMS (2022a).

[63] Für das Kooperationsgebot vgl. ANDRES (1996), S. 355, FN 246; Details zum sogenannten „Plowden Report" bei STEWART (2002), S. 23f.

verwundern. Die Konfrontation des Jahres 1968 sollte indes zeigen, dass einige der elementaren Prämissen an der Realität vorbeiliefen – und das Bundesministerium der Verteidigung sollte im Zentrum dieses Lernprozesses stehen.

2. Akteure und Motive: Das Bundesministerium der Verteidigung Anfang 1968

a) Die Politische Leitung – Isolation und Anglophilie

Bevor Gerhard Schröder 1966 als Teil der ersten Großen Koalition Bundesminister der Verteidigung wurde, war er unter den Kanzlern Adenauer und Erhard insgesamt fünf Jahre Außenminister. Als *„Wortführer der Atlantiker"*[64] in seiner Partei setzte er sich für eine enge Beziehung sowohl zu den USA als auch Großbritannien ein und war 1966 als starker Konkurrent Kurt Georg Kiesingers für die Kanzlerschaft gehandelt worden. Als letzterer sich schließlich durchsetzte, beteiligte er Schröder im Rahmen der Kabinettsbildung primär, um zu verhindern, dass sein Rivale den Fraktionsvorsitz übernahm.[65]

Der neue Verteidigungsminister hatte seine Ambitionen jedoch noch nicht begraben und hoffte, bei einem Zusammenbruch der Großen Koalition als Reservekanzler einspringen zu können. Während er durch einflussreiche Parteifreunde wie Kiesinger oder Strauß zunehmend isoliert wurde, zog sich Schröder in sein Ministerium zurück und igelte sich dort ein.[66] Mit Blick auf das MRCA-Programm sollte sich seine Amtsführung auf die außenpolitischen Aspekte beschränken. Schon in seiner vorherigen Verwendung als Außenminister hatte sich Schröder für eine politische Teilhabe der Bundesrepublik an den atomaren Planungsprozessen der NATO eingesetzt.[67] In seinem neuen Amt nahm er aktiv an den Treffen der Ende 1966 eingerichteten Nuklearen Planungsgruppe der NATO (NPG) teil, wobei für das MRCA-Programm der Umstand besonders hervorzuheben ist, dass er gemeinsam mit seinem britischen Amtskollegen Denis Healey einen starken Fokus auf gemeinsame politische Linien für den taktischen Einsatz von Nuklearwaffen legte.[68]

Der Zugang des Verteidigungsministeriums zum engsten Zirkel des Bundeskanzlers wurde indes durch Staatssekretär Karl-Günther von Hase[69] sichergestellt. Dieser

---

[64] WINTZER (2010), S. 146.

[65] Vgl. KROEGEL (1997), S. 63.

[66] Vgl. OPPELLAND (2002), S. 688f. und EICHHORN (2009), S. 86f.

[67] Vgl. WINTZER (2010), S. 149f.

[68] BArch, BW 1/583830, Bericht Fü S III 3 über die NPG-Sitzung am 18./19.4.1968, S. 4. Vgl. dazu auch KRÜGER (2008), S. 218.

[69] Karl-Günther von Hase (1917-2021) war eine facettenreiche historische Figur, deren Wirken sowohl im BMVtg als auch im MRCA-Programm weitere Aufmerksamkeit verdienen würde. Von Hase hatte zuletzt als Generalstabsoffizier der Wehrmacht am Zweiten Weltkrieg teilgenommen, den er in sowjetischer Kriegsgefangenschaft beendete, nachdem er über seine Verwandtschaft zu maßgeblichen Persönlichkeiten des Widerstands gegen den National-

Umstand kam nicht von ungefähr, sondern war im Rahmen einer Personalrochade durch Kanzler Kiesinger herbeigeführt worden. Anfang 1968 ließ dieser mit Karl Carstens einen Vertrauten Schröders als Staatssekretär im BMVtg ersetzen, um ihn als Chef des Bundeskanzleramtes zu sich zu holen. Damit verlor Schröder einen altgedienten Weggefährten an seinen Rivalen, während als dessen Nachfolger ein Mitglied aus dem engsten Zirkel Kiesingers ins Verteidigungsministerium nachrückte.[70] Als solcher nahm von Hase – anders als Minister Schröder – an den wöchentlichen „Großen Lagen" des Bundeskanzlers teil, die als eines der wesentlichen Instrumente seiner Amtsführung galten.[71] Eine weitere Verbindung von Kanzleramt und BMVtg lässt sich hinter dem Umstand vermuten, dass von Hase und Carstens eine *„jahrzehntelange Freundschaft"*[72] verband.

Von Hase selbst hatte zuvor im Auswärtigen Amt die Abteilung geleitet, die sowohl für Verteidigungsfragen als auch die NATO und Großbritannien zuständig war.[73] Der Staatssekretär besaß damit wie Minister Schröder eine starke Prägung durch das Auswärtige Amt sowie erkennbare Bezüge zum Vereinigten Königreich. Diese „Dominanz der Diplomaten" in der Hausleitung des BMVtg wird es insbesondere für die kommenden Verhandlungen mit dem Vereinigten Königreich im Hinterkopf zu behalten gelten.

b) Der Führungsstab Luftwaffe – Alles auf eine Karte

Die Luftwaffe war zu Beginn des Jahres 1968 mit der Herausforderung konfrontiert, sich konzeptionell, strukturell und materiell auf die neue NATO-Strategie der Flexible

---

sozialismus (Paul von Hase war sein Onkel, Dietrich Bonhoeffer sein Cousin) 1944 an die Ostfront strafversetzt worden war. 1949 nach (West-)Deutschland zurückgekehrt, trat er 1950 in den diplomatischen Dienst ein, wo er eine absolute Ausnahmekarriere machte. 1961 stieg er im Rahmen einer spektakulären Sprungbeförderung zum jüngsten Ministerialdirektor der Bundesrepublik auf, ein Jahr später als Regierungssprecher und Chef des Presse- und Informationsamtes der Bundesregierung zum Staatssekretär. 1967 eigentlich als Intendant der Deutschen Welle vorgesehen, übernahm er auf Bitten von Bundeskanzler Kiesinger den Staatssekretärsposten im BMVtg, den er von 1967 bis 1969 bekleidete. Vor dem Hintergrund des MRCA-Programms bedeutsam, wurde er 1970 zum deutschen Botschafter in London berufen. 1977 wurde er Intendant des ZDF, 1982 trat er in den Ruhestand ein. Für familiäre Hintergründe und seinen Werdegang im Auswärtigen Amt vgl. SPIEGEL (1961), ansonsten ZDF (2021).

70 Vgl. EICHHORN (2009), S. 49 u. 55-58.
71 Vgl. EICHHORN (2009), S. 43-52 u. 74-81. Die Achse „Carstens/von Hase" würde eine weitere Untersuchung lohnen, um mögliche indirekte Einflüsse des Kanzleramtes auf das Programm sichtbar zu machen.
72 Vgl. CARSTENS (1993), S. 352.
73 Vgl. ZDF (2021).

Response einstellen und gleichzeitig den mit der Rezession 1966/67 einhergehenden Sparzwängen gerecht werden zu müssen. Letzteres hatte erhebliche Verzögerungen bei der Aufstellung der Rüstungsplanung verursacht, die sowohl den militärischen Fähigkeitsbedarf als auch die für dessen Deckung zur Verfügung stehenden Finanzmittel festlegte. Diese Paralyse traf die Luftwaffe besonders schwer, da sie ihre beiden fliegenden Hauptwaffensysteme ablösen und damit de facto die komplette Kampfflugzeugflotte würde erneuern müssen.[74] Dieser Umstand war zum einen dem materiellen Verschleiß und den im Übungsbetrieb eingetretenen Flugzeugverlusten[75] geschuldet, ergab sich aber auch aus der funktional-operativen Obsoleszenz der Muster.

Die NATO-Strategie der „Flexible Response" maß der Fähigkeit zur konventionellen Verteidigung besondere Bedeutung zu. Für die Luftwaffe bedeutete dies, das Heer aus der Luft unverzüglich und wirksam bei Verzögerung und Gegenstoß unterstützen können zu müssen. Darunter fiel sowohl die „klassische" Luftnahunterstützung durch Aufklärung und Wirkung (Close Air Support, CAS) am Heer, als auch die Anforderung, eine zumindest zeitlich und räumlich begrenzte Luftüberlegenheit (Air Superiority, AS) über dem Operationsgebiet des Heeres erkämpfen zu können. Letztere sollte die NATO-Landstreitkräfte vor Angriffen gegnerischer Jagdbomber schützen und der eigenen Luftnahunterstützung den Weg ebnen.[76]

Für diese Aufgaben waren die Bestandssysteme der Luftwaffe allerdings höchstens eingeschränkt tauglich. Ihr schwerer Jagdbomber F-104G war vornehmlich für den „Strike"-Einsatz, also die Verbringung nuklearer US-amerikanischer Freifallbomben, ausgelegt. Dazu war das eigentlich als Abfangjäger für den Einsatz unter guten Wetterbedingungen konzipierte Flugzeug durch zahlreiche strukturelle und avionische Anpassungen so modifiziert worden, dass es im Tiefflug und unter Allwetterbedingungen Atombomben gegen vorgeplante Ziele mit an der Waffenwirkung gemessen ausreichender Präzision ins Ziel bringen konnte. Der Einsatz konventioneller Bewaffnung mit wesentlich geringerer Zerstörungskraft würde jedoch eine ungleich höhere Genauigkeit erfordern, die mit der F-104G nicht zu erreichen war.[77]

---

[74] Für die Lage der Luftwaffe siehe BArch, BL 1/13554, Lagebeurteilung der Luftwaffe vom 23.4.1967, S. 41-44; BArch, BL 1/4050a, Entwurf eines Vortrages des Fü L vor dem Verteidigungsausschuss des Deutschen Bundestages vom 26.1.1968, S. 90f. sowie generell die in BArch, BL 1/4050a vorliegenden Lagebeurteilungen. Für die Verzögerungen der Rüstungsplanung siehe BArch, BL 1/14707, Tagebuch des InspLw, S. 130f.

[75] Luftwaffe und Marine verloren insgesamt 292 ihrer 916 „Starfighter", wobei bis 1989 206 Kampfflugzeugführer ums Leben kamen, vgl. dazu SIANO (2016), S. 11 u. 15.

[76] BArch, BL 1/13554, Lagebeurteilung der Luftwaffe vom 23.4.1967, S. 50 und insb. 71-73. Hier wird das Konzept des „Tactical Fighter" deutlich, der die Luftüberlegenheit über dem Gefechtsfeld erringen und am Boden ausnutzen können sollte. Das für das Dokument federführende Referat Fü L III 1 sollte auch für das MRCA eine stark luftüberlegenheitslastige Position vertreten. Vgl. darüber hinaus KRÜGER (2008), S. 219.

[77] Ein eindrucksvolles Bild vom fliegerischen Anspruch an den Waffeneinsatz mit der F-104G vermitteln die Berichte bei RUDOLF (1967), S. 54-57 und WILHELMS (1969), S. 42.

Für den erwartbar verlustreichen Einsatz in der konventionellen Luftnahunterstützung (CAS) verbat sich die F-104G wegen ihrer strategischen Bedeutung als Nuklearwaffenträger ohnehin. Die Aussicht darauf, kostbare Flugzeuge und Piloten für die besonders im Vergleich zum Nuklearwaffeneinsatz so geringe Wirkung *„dem Gewehrschuss eines Infanteristen"* auszusetzen, war sowohl ökonomisch als auch militärisch nicht „wirtschaftlich".[78] Für den Auftrag der Luftüberlegenheitsjagd war die F-104G zwar besser geeignet, aber hier machte ihr die geringe Manövrierfähigkeit im niedrigen und mittleren Höhenband zu schaffen, die sie im Kampf mit wendigeren Jagdflugzeugen benachteiligte.[79] Hinzu kam, dass die Grenze der Aufwuchsfähigkeit im Bereich der (für das Muster ursprünglich nie vorgesehenen) komplexen Elektronik erreicht war. Die bedeutete nicht nur generelle Einschränkungen in der Allwetterfähigkeit, sondern auch das Unvermögen, leistungsfähige Sensorik aufnehmen zu können.[80]

Für die „Flexible Response" zu einseitig: Lockheed F-104G Starfighter des Jagdbombergeschwaders 33 in Büchel/Eifel. Beide Maschinen haben die für den Nuklearwaffeneinsatz übliche Ausstattung mit zwei Unterflügeltanks sowie Wing-tip-tanks an den Flügelspitzen.
Bild: Presse- und Informationszentrum Luftwaffe

---

[78] BArch, BL 1/14707, Sprechzettel anl. Besprechung InspLw mit AL T, H, W und Fü L I am 18.8.1967 (Anlage), S. 2.

[79] BArch, BL 1/13554, Lagebeurteilung der Luftwaffe vom 23.4.1967, S. 49-51. Zum Komplex der F-104G generell vgl. die umfangreichen Betrachtung bei KRÜGER (2006), LEMKE (2006); SIANO (2016).

[80] Im Rahmen der Flexible Response wurde wesentlich detailliertere Aufklärung nötig, um die Absicht des Gegners rechtzeitig erkennen zu können. Die dafür notwendige Technik war in der (R)F-104G schlichtweg nicht mehr unterzubringen. Die sogenannte „Aufklärerlücke" sollte auf Wunsch der Luftwaffe rasch durch die Beschaffung US-amerikanischer McDonnell

Dem neuen konventionellen Schwerpunkt nicht gewachsen: Fiat G.91 des Jagdbombergeschwaders 43 im Line up. Ursprünglich wegen seiner Einfachheit beschafft, genügten Reichweite, Zuladung und Ausstattung nicht länger den Ansprüchen des modernen Gefechtsfelds.
Bild: Bundeswehr/Oed, 1968

Für den CAS-Einsatz war indes ursprünglich die Fiat G.91 eingeführt worden,
seine Zuladung und elektronische Ausstattung waren aber Ende der 1960er nicht mehr
zeitgemäß. Wie auch die F-104G würde die G.91 zudem 1975 ihr materielles Nutzungs-
dauerende erreichen.[81]

Angesichts dieser technischen und taktischen Obsoleszenzen plante die Luftwaffe Anfang 1967, das Gros ihrer Flotte in den 1970er Jahren sukzessive zu ersetzen.
Dazu sollten zuerst zwei Jagdbombergeschwader (F-104G) und im Anschluss alle vier
leichten Kampfgeschwader (G.91) mit der französisch-britischen SEPECAT JA-
GUAR[82] ausgerüstet werden, die sich sowohl für CAS- als auch AS-Missionen gleichermaßen eignen sollte.[83] Ab 1975 wären dann die Strike-, Jagd- und Aufklärungsstaffeln

---

RF-4E „Phantom II" geschlossen werden. Am Bedarf nach einem Flugzeug, das das Heer
durch Luftnahunterstützung und Luftüberlegenheitsjagd wirtschaftlich und wirkungsvoll un-
ter-stützen konnte, änderte dies aber nichts. Siehe hierfür BArch, BL 1/13554, Lagebeurteilung der Luftwaffe vom 23.4.1967, S. 59-61.

[81] Für die Bewertung vgl. PACHOLKE (2006), S. 713-715. Für eine umfangreiche Darstellung
der G.91 vgl. LEMKE (2006), S. 379-400. Das Muster war als Antwort auf eine NATO-For-
derung nach einem bewusst simpel gehaltenen Heeresunterstützungsflugzeug für den Einsatz unter günstigen Wetterbedingungen entwickelt worden und wurde in den Luftwaffen
(West-) Deutschlands, Italiens und Portugals geflogen.

[82] SEPECAT steht für die Herstellergesellschaft „Société Européenne de Production de l'A-
vion d'Ecole de Combat et d'Appui Tactique".

[83] BArch, BL 1/13554, Lagebeurteilung der Luftwaffe vom 23.4.1967, S. 58 und 61-65.

mit dem bis dahin zu entwickelnden AVS als Flugzeug der übernächsten Generation auszustatten gewesen.[84]

Die Konzeption des futuristischen AVS war dabei noch durch den Senkrechtstart bestimmt, der in der Kombination mit dem umfassenden Auftragsportfolio zu einer erheblichen technischen, logistischen und finanziellen Komplexität geführt hatte, die eine alleinige Einführung bei der Luftwaffe zu teuer machte. Als sich im Verlaufe des Jahres 1967 abzeichnete, dass die US-Luftwaffe das Interesse am Senkrechtstart verlor, wurde die Zukunft des Programms überaus ungewiss und zwang den Führungsstab damit, vorsichtig nach Alternativen zu sondieren.[85]

So brach der Inspekteur der Luftwaffe, Generalleutnant Johannes Steinhoff,[86] bereits im März 1967 mit einer Delegation des Führungsstabes der Luftwaffe nach Großbritannien auf, musste aber feststellen, dass das dort in der Entwicklung befindliche AFVG-Projekt *„in seiner augenblicklichen konzipierten Konfiguration nicht den deutschen Vorstellungen"* entsprach, was primär an dessen komplexer Elektronik und langen Start- bzw. Landestrecken lag.[87] Nach dem Scheitern des britisch-französischen Projektes prüfte man im Führungsstab, ob man nicht im Gegenteil die Briten für das AVS gewinnen könnte. Diese zeigten sich allerdings am komplexen Senkrechtstarterkonzept wenig interessiert.[88]

---

84 Ebd., S. 73, 83 u.159.

85 BArch, BL 1/4050a, Vortrag Fü L III 1 zur Konzeption und Rüstungsplanung der Luftwaffe vom 7.11.1967, S. 24-26; BArch, BL 1/14707, Tagebuch InspLw, S. 95 sowie Notizen zu zwei Besprechungen des InspLw im Pentagon am 12.10.1967 (Anlage).

86 Johannes Steinhoff (1913-1994) darf als eine der bedeutendsten Persönlichkeiten der bundesrepublikanischen Luftwaffengeschichte gelten. Als hochdekorierter Jagdflieger der Wehrmachtsluftwaffe war er seit 1954 am Aufbau der neuen Luftwaffe beteiligt. Als Nachfolger des im Verlauf der „Starfighter-Krise" zurückgetretenen Luftwaffeninspekteurs Werner Panitzki kulminierten in der Person Steinhoffs die technischen Kenntnisse eines auf modernen US-amerikanischen Flugzeugmustern ausgebildeten Piloten mit dem Verständnis komplexer logistischer und bürokratischer Prozesse. Noch bedeutsamer war jedoch seine militärpolitisch prägende Verwendung als deutscher Militärischer Vertreter im Militärausschuss der NATO 1960-1963 sowie als Chef des Stabes und Stellvertreter des Oberbefehlshabers der Alliierten Luftstreitkräfte Europa Mitte (1965-1966). Steinhoff hatte damit „den Finger am Puls" der doktrinellen Transformation der NATO von der „Massive Retaliation" hin zur „Flexible Response". Angesichts der schwerwiegenden Implikationen des NATO-Doktrinwechsels für die deutsche Luftwaffe sowie den materiellen, personellen und finanziellen Herausforderungen, vor denen sie 1966 stand, konnte Steinhoff das erreichbare Höchstmaß einschlägiger Qualifikationen aufweisen und sollte die Luftwaffe als ihr Inspekteur bis 1970 maßgeblich umbauen und modernisieren. Vgl. dazu MÖLLERS (2011 und 2012).

87 BArch, BL 1/14707, Bericht UK-Reise InspLw durch Fü L I vom 31.3.1967, S. 3 u. 6.

88 BArch, BL 1/14707, Tagebuch InspLw, S. 80 sowie Sprechzettel anl. Besprechung InspLw mit AL T, H, W und Fü L I am 18.8.1967 (Anlage), S. 10.

Während sich ein Zusammengehen mit den Briten schwierig gestaltete, begann sich im Kreise der europäischen F-104-Nutzer Belgien, Italien und den Niederlanden eine aussichtsreichere Möglichkeit für eine Kooperation abzuzeichnen. Die Luftwaffenbefehlshaber der „Konsortialstaaten", zu denen auch Deutschland gehörte, kamen im Rahmen regelmäßiger Besprechungen zusammen und hatten bereits im Februar 1967 die Einsetzung einer „*Studiengruppe ,Nachfolgmuster F-104*'" beschlossen, deren Vorsitz Steinhoff prompt für die deutsche Luftwaffe reklamiert hatte.[89] Im August 1967 wusste der Inspekteur festzustellen, dass im Kreise der Konsortialstaaten der ausgesprochene Wunsch bestünde, aus Standardisierungsgründen auch beim Nachfolger für die F-104 zu einem gemeinsamen Flugzeug zu kommen, zumal „*über die militärischen Forderungen (…) bei allen Nationen Einvernehmen*" herrsche. Dabei zeigte sich allerdings auch dieser Kreis an der teuren Senkrechtstartfähigkeit des AVS desinteressiert.[90] Damit war zwar der internationale Bedarf nach einem gemeinsamen Flugzeug identifiziert, die Luftwaffe hatte aber mit dem AVS keinen tauglichen Entwurf für die internationale Kooperation anzubieten.

In Anbetracht der absehbar prohibitiven Kosten des Projektes, der damit verbundenen planerischen Unwägbarkeiten und der international unvermittelbaren Senkrechtstartfähigkeit stieß der Führungsstab im August 1967 gemeinsam mit den Rüstungsabteilungen T und W die Entwicklung einer nationalen Alternativlösung an.[91] Anfang November waren die militärischen Anforderungen an das Muster als „*Charakteristik Neues Kampfflugzeug*" durch die Planungsunterabteilung Fü L I erarbeitet und von Steinhoff abgenommen worden.[92]

Im selben Zeitraum ließ die Luftwaffe auch den letzten verbliebenen Bestandteil ihrer ursprünglichen Nachfolgeplanung fallen, indem sie sich vom JAGUAR abwandte. Der Führungsstab setzte jetzt alles auf eine Karte. Das hier seit Dezember als „Hornisse" bezeichnete Nachfolgemuster für die F-104G sollte nunmehr nicht nur den

---

[89] BArch, BL 1/14707, Tagebuch InspLw, S. 33.

[90] BArch, BL 1/14707, Tagebuch des InspLw, Sprechzettel anl. Besprechung InspLw mit AL T, H, W und Fü L I am 18.8.1967 (Anlage), S. 10f.

[91] BArch, BL 1/14707, Tagebuch InspLw, S. 88 u. 91f. sowie Sprechzettel anl. Besprechung InspLw mit AL T, H, W und Fü L I am 18.8.1967 (Anlage).

[92] BArch, BL 1/14707, Tagebuch InspLw, S. 116 u. 119.

Starfighter", sondern auch die G.91 ablösen.[93] Ende Januar 1968 wurde letztendlich auch das ungewisse AVS-Projekt endgültig begraben.[94]

Das Kalkül schien insofern aufzugehen, als dass die internationalen Konsortialpartner Italien und die Niederlande dem neuen Entwurf laut Aussage Steinhoffs *„grundsätzliche Zustimmung"* entgegengebracht hätten.[95] Mitte Januar beschlossen die Inspekteure der Konsortialluftwaffen auf Basis ihres gemeinsamen Bedarfes die Einsetzung einer ständigen Arbeitsgruppe in Köln Wahn, die unter Vorsitz des deutschen Oberst Gerhard Limberg[96] die militärischen Anforderungen an ein gemeinsames Flugzeug weiter präzisieren sollte. Die Italiener hätten dabei zwar *„gewisse Vorbehalte"* geltend gemacht, würden aber *„Angleichswerte vorlegen"*.[97]

Tatsächlich kamen ab März 1968 Belgier, Italiener, Deutsche, Niederländer und die inzwischen hinzugestoßenen Kanadier unter deutschem Vorsitz in Wahn zusammen, um an der Konzeption des gemeinsames Kampfflugzeugprojektes zu arbeiten. Darunter fielen neben militärischen Anforderungen auch Fragen der

---

[93] Anfang Januar 1968 wurde Minister Schröder mitgeteilt, dass die Luftwaffe *„davon abgekommen sei"* den JAGUAR länger in Erwägung zu ziehen und nun einen Einheitsnachfolger für F-104G und G.91 anstrebe (BArch, BW 1/181399 Vermerk des Persönlichen Referenten des Ministers betr. Nachfolgemuster für die Luftwaffe vom 4.1.1968, S. 1). In einem Vortragsdokument von Fü L III waren Aussagen zur Beschaffung des JAGUAR hingegen bereits mit Datumsangabe vom 8. November 1967 herausgestrichen und gleichsam die Verfolgung einer nationalen Entwicklungslösung deklariert worden (BArch, BL 1/4050a, Vortrag Fü L III 1 zur Konzeption und Rüstungsplanung der Luftwaffe vom 7.11.1967, S. 23 u. 26 inkl. Glossen).

[94] Vgl. ANDRES (1996), S. 256. Kleinere Anteile der Arbeiten liefen tatsächlich noch bis März 1968 weiter.

[95] BArch, BL 1/7486, Vorlage InspLw an Herrn BM zum gemeinsamen Vorgehen der Konsortiumsländer F-104 vom 16.1.1968, S. 1.

[96] Gerhard Limberg (1920-2006) hatte im Zweiten Weltkrieg als Flugzeug- und später auch Staffelführer in der Schlachtfliegertruppe der Wehrmachtsluftwaffe gekämpft. 1956 trat er in die Luftwaffe der Bundeswehr ein und wurde auf modernen US-Flugzeugmustern „aufgefrischt". Nach Stabsverwendungen übernahm er 1963 das Kommando über das Jagdbombergeschwaders 35, das ab 1965 als leichtes Kampfgeschwader 41 zu einem der Luftwaffen-Vorzeigeverbände für die Luftnahunterstützung avancierte (vgl. PACHOLKE (2006), S. 715.). Es ist davon auszugehen, dass Limbergs einhellige Qualifikation im Bereich des „Close Air Support" sowohl in der Wehrmachts- als auch der „neuen" Luftwaffe den Ausschlag für seine Ernennung zum Leiter derjenigen Arbeitsgruppe gab, die das neue, primär auf diese Fähigkeit ausgelegte Flugzeug gestalten sollte. Limberg wurde im Verlaufe des Jahres 1968 zum Systembeauftragten für das Waffensystem NKF/MRCA ernannt und sollte das Amt bis 1971 innehaben. Es folgten Verwendungen bei der NATO, 1974 bis 1978 war er Inspekteur der Luftwaffe. Für den Werdegang Limbergs vgl. RANGE (2013), S. 309.

[97] BArch, BW 1/181399, Ergebnisvermerk InspLw an Herrn BM zur CAS-Sitzung der Konsortiumsländer am 18.1.1968 vom 25.1.1968, S. 1.

Beteiligungsbedingungen und des Programmmanagements, die eine Einbindung weiterer Experten aus anderen Fachbereichen nötig machte. Für das BMVtg traten daher auch Angehörige der Hauptabteilung Rüstung dem Gremium bei, das dem vorbereitenden Charakter der Arbeiten nunmehr den Namen „Interim Consortium Canadian Working Group" (ICCWG) trug.[98]

Der gesamte Zeit- und Kostendruck, der sich durch die militärischen, finanziellen, planerischen und technischen Dynamiken der vorausgehenden Jahre aufgebaut hatte, war somit vom Führungsstab der Luftwaffe in ein einziges, multinationales Projekt kanalisiert worden. Dieser Ansatz versprach die für ein solches Vorhaben dringend notwendige politische Visibilität und lockte gleichzeitig mit Standardisierungsvorteilen und Kostenminderung. Im Gegenzug hatte man sich aber vollkommen von einem Programm abhängig gemacht, dessen politische Dynamik die Luftwaffe schon bald überrollen sollte.

c) Die Hauptabteilung Rüstung – Zwischen Industriepolitik und Entwicklerstolz

Der Hauptabteilung II mit ihren beiden Abteilungen „Wehrtechnik" (T) und „Wehrwirtschaft" (W) oblag die Aufsicht über die Deckung des Materialbedarfs der Bundeswehr. Als solche besetzte sie eine bewusst geschaffene Schnittstelle zwischen Wirtschaft und Technik auf der einen und den Streitkräften auf der anderen Seite. Damit bestimmte sie maßgeblich die Ausprägung der nationalen Nachfrage nach Wehrmaterial und -technologie, wodurch sie eine steuernde Wirkung auf die stark vom Geschäft mit der Bundeswehr abhängige deutsche Luftfahrtindustrie entfaltete.[99] Dadurch agierte das Verteidigungsministerium als maßgeblicher industriepolitischer Akteur an der Seite des Wirtschafts- und Finanzministeriums.[100]

Durch den politischen Sonderstatus der Branche stand das BMVtg und die Hauptabteilung II dabei allerdings auch besonders unter Druck. Mit dem Scheitern der nationalen Senkrechtstarterprogramme und dem absehbaren Aus des binationalen AVS-Projektes forderten Luftfahrtunternehmen und deren politische Unterstützer eine Perspektive für die Auslastung der Kapazitäten ein.[101] Seit April 1966 hatte es der

---

[98] BArch, BL 1/7625, Vermerk Dr. Trienes T IV 2 zum Progress Report der ICCWG vom 11.4.1968.

[99] Siehe dazu Fußnote 42 dieser Arbeit.

[100] Dazu tagten die beteiligten Ressorts seit 1966 im „Interministeriellen Koordinierungsausschuss ‚Luft- und Raumfahrtindustrie'" unter Federführung des Bundesministeriums für Wirtschaft (BMWi).

[101] Die Münchener Firmen Messerschmitt und Bölkow warnten so beispielsweise anlässlich eines Besuches des Verteidigungsausschuss im März 1968 vor einem „*moralischen Zusammenbruch und damit [dem] Ende einer deutschen Flugzeugentwicklung überhaupt*", sollte nicht die

Bundestag dem Verteidigungsministerium zudem zur Auflage gemacht, die Aufträge an die Industrie als Mittel für deren als dringend notwendig befundene Konsolidierung zu nutzen.[102] Entsprechende Erfolge war das BMVtg allerdings schuldig geblieben, da es nicht vermochte, die mannigfaltigen Partikularinteressen und Widerstände der Unternehmen und ihrer politischen Sponsoren zu überwinden.[103]

Vor diesem Hintergrund musste ein national dominiertes Kampfflugzeugprojekt den „Rüstern" überaus lukrativ erscheinen. Es versprach die Auslastung von Entwicklungs- und Produktionskapazitäten sowie die Aussicht darauf, die Vergabe eines entsprechenden Auftrages an ernsthafte Konsolidierungszugeständnisse der Industrie knüpfen zu können.

Neben dem genuinen Auftrag der Bedarfsdeckung und industrie-politischen Rationalen hatte man in den Rüstungsabteilungen des BMVtg auch ein intrinsisches Interesse an erfolgreichen Entwicklungsprojekten. Hier hatte die Steuerungsrolle zu einer Identifikation mit den technologischen Errungenschaften der deutschen Industrie geführt, die auf der technischen Arbeitsebene einen „Entwicklerstolz" hatte wachsen lassen, der dem der Industrie in Nichts nachzustehen schien. Dies wurde durch die Organisationsstruktur des Ministeriums begünstigt, in der die „Aufsicht" der Luftfahrtindustrie operativ nur einem sehr kleinen Personenkreis oblag, der dementsprechend viel Verantwortung und Gestaltungsanspruch auf sich vereinte. Deutlich wurde dies besonders im Bereich der Senkrechtstarter, an deren technologischer Pionierrolle manche „Rüster" auch dann noch offen festhielten, als die Luftwaffe das Konzept bereits für militärisch unattraktiv befunden hatte.[104]

Die Vermutung liegt nahe, dass die Wehrtechniker der für Luftfahrt zuständigen Unterabteilung T IV im BMVtg die Frustration der Luftfahrtindustrie ob des Scheiterns der nationalen Senkrechtstarterprogramme sowie des AVS-Projektes durchaus teilten. In der bilateralen AVS-Kooperation mit den USA hatten sich die Ministeriellen die als besonders modern geltenden US-amerikanischen Managementverfahren angeeignet. Auf deren Basis sahen sich die Wehrtechniker im Ministerium nun vollends in der Lage,

Entscheidung für die Entwicklung eines neuen Kampfflugzeuges fallen (BArch, BW 1/181344 Darstellung des EWR anl. Besuch VtgA vom 22.3.1968).

102 BArch, BW 1/181399, Protokoll der 83. Sitzung des VtgA vom 21.6.1968, S. 3.

103 Zu den Konsolidierungsbemühungen vgl. ANDRES (1996), S. 449-486. Zur Rolle und Wahrnehmung des BMVtg siehe den Bestand BArch, BW 1/181344, zum Überblick exemplarisch den Vermerk des Ministerbüros für den Staatssekretär zur Lage der deutschen Luftfahrtindustrie vom 10.4.1968.

104 Ein aufschlussreiches Plädoyer findet sich beispielsweise bei TRIENES (1968), S. 155. Besonders spannend ist dabei, dass es sich beim Autor um einen Referenten der T VI 2 und eine spätere Schlüsselfigur im NKF/MRCA-Programm handelte. Ähnliche Ansichten schimmern bei internen Arbeitsentwürfen der T IV durch, bspw. in BArch, BL 1/7584, Fragen für Arbeitsgruppe UAL T IV vom 22.2.1968, (Blattsammlung) lfd. Seite 10 zur industriellen Zusammenarbeit im Zellenbereich, Lage BRD.

ein internationales Programm auch behördlich erfolgreich aus Deutschland heraus führen zu können.[105] Ein national geführtes Kampfflugzeugprogramm bot damit die langersehnte Gelegenheit zum Beweis der inzwischen erlangten technischen und organisationalen Kompetenz, der auch den ministeriellen „Rüstern" bis dato verwehrt geblieben war.

Als Inspekteur Steinhoff im August 1967 den Gedanken eines nationalen Alternativprogramms für das AVS aufbrachte, schalteten die Wehrtechniker entsprechend schnell auf. Nur sechs Tage nachdem die Luftwaffe am 6. November ihre „Charakteristik Neues Kampfflugzeug" erstellt hatte, vergab das Luftfahrttechnik-Referat T IV eine „*Vorstudie über Prüfung der technischen Realisierbarkeit der militärischen Charakteristika der Luftwaffe*" an das Süd-Cluster „Entwicklungsring Süd" (EWR) und die Bremer VFW. Noch in der ersten Dezemberhälfte präsentierten die Industriellen ihre Ergebnisse, die ein solches Flugzeug verwirklichbar erscheinen ließen. Am 1. Januar folgte die Beauftragung einer Projektstudie, in der bis zum 30. Juni 1968 dessen konkrete technische Auslegung zu untersuchen war.[106] Der damit entstandene nationale Entwurf für das „Neue Kampfflugzeug" sollte bis in das Jahr 1969 Gegenstand substantieller Studientätigkeiten werden, die parallel zum multinationalen MRCA-Programm liefen. Das nationale NKF diente dabei zunächst als Referenzmodel für das multinationale MRCA, sollte im weiteren Verlauf der internationalen Verhandlungen allerdings sogar zur Grundlage eines konkurrierenden nationalen Alternativkonzepts avancieren.

---

[105] BArch, BL 1/7584, Fragen für Arbeitsgruppe UAL T IV vom 22.2.1968, (Blattsammlung) lfd. Seite 6 zur behördlichen Programmleitung.
[106] BArch, BL 1/18761, Vermerk T IV 2 zum Stand der technischen Untersuchungen vom 6.6.1968.

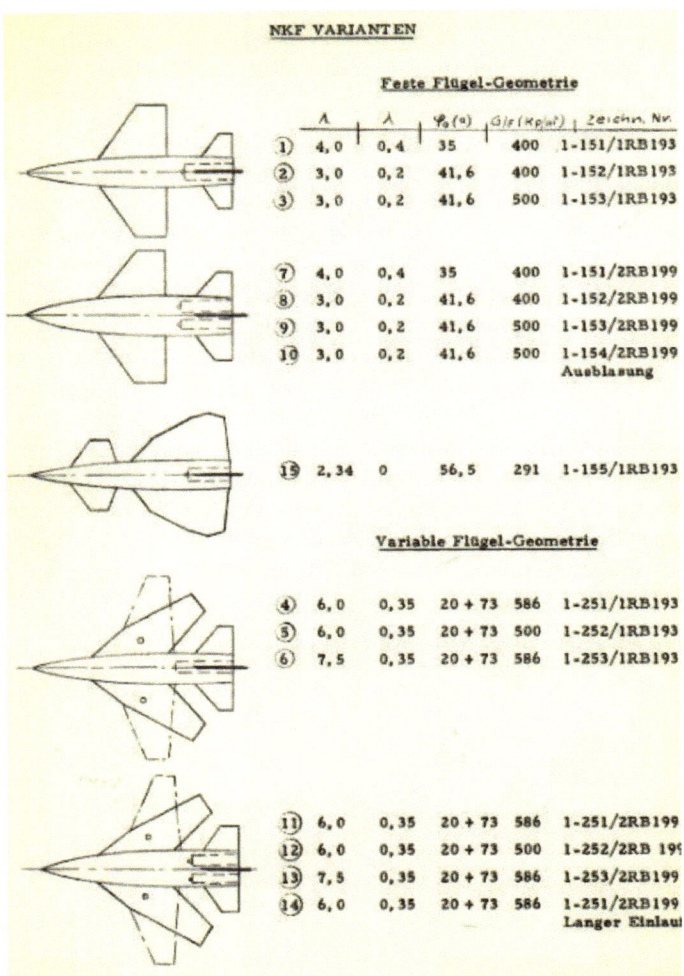

NKF VARIANTEN

Feste Flügel-Geometrie

	Λ	λ	$\varphi_0 (°)$	$G/s\,(Kp/m^2)$	Zeichn. Nr.
①	4,0	0,4	35	400	1-151/1RB193
②	3,0	0,2	41,6	400	1-152/1RB193
③	3,0	0,2	41,6	500	1-153/1RB193
⑦	4,0	0,4	35	400	1-151/2RB199
⑧	3,0	0,2	41,6	400	1-152/2RB199
⑨	3,0	0,2	41,6	500	1-153/2RB199
⑩	3,0	0,2	41,6	500	1-154/2RB199 Ausblasung
⑮	2,34	0	56,5	291	1-155/1RB193

Variable Flügel-Geometrie

	Λ	λ	$\varphi_0 (°)$	$G/s\,(Kp/m^2)$	Zeichn. Nr.
④	6,0	0,35	20 + 73	586	1-251/1RB193
⑤	6,0	0,35	20 + 73	500	1-252/1RB193
⑥	7,5	0,35	20 + 73	586	1-253/1RB193
⑪	6,0	0,35	20 + 73	586	1-251/2RB199
⑫	6,0	0,35	20 + 73	500	1-252/2RB 199
⑬	7,5	0,35	20 + 73	586	1-253/2RB199
⑭	6,0	0,35	20 + 73	586	1-251/2RB199 Langer Einlauf

Auszug aus der Studie „Neues Kampfflugzeug" des EWR. Besonders interessant ist dabei Entwurf Nr. 15, der das Höhenleitwerk in der sogenannten „Entenkonfiguration" vor die Tragflächen zieht. Luftwaffe und Wehrtechniker blickten dafür nach Schweden, wo die Saab JA 37 Viggen die Vorzüge dieser Auslegung bei der Manövrierbarkeit im niedrigen Geschwindigkeitsbereich unter Beweis stellte. Nicht nur sollte das „Enten-NKF" sich 1969 zu einem veritablen Gegenentwurf zum MRCA entwickeln, diese Flügelanordnung würde mehrere Jahrzehnte später dem EUROFIGHTER seine charakteristische Form geben.
Quelle: Bestand Panavia/O. Friedrich, Auszüge der NKF-Studie des EWR vom 01.03.1968.

Anfang 1968 war der Führungsstab der Luftwaffe mit seiner internationalen Arbeitsgruppe indes voller Elan nach vorne gepresscht und drohte, den Rest des Hauses hinter sich zu lassen. So drängte der Leiter der Hauptabteilung II „Rüstung" (HAL II) Hans-Georg Schiffers[107] Staatssekretär von Hase im Februar zur raschen Einrichtung eines ministeriellen Steuerungsgremiums unter Vorsitz „seiner" Wehrtechniker, das die Leitungsebene zur effektiven Projektsteuerung und kohärenten „*Darstellung nach außen*" befähigen sollte.[108] Dem Ansinnen wurde im März durch die Bildung der „*Arbeitsgruppe ,Neues Kampfflugzeug'*" (AG NKF) unter Leitung der T IV stattgegeben, in der auch die Luftwaffe vertreten war.[109] Bemerkenswerterweise lief die intraministerielle Verantwortungsverteilung zwischen der Abteilung T und dem Führungsstab zumindest gemäß Aktenlage erstaunlich harmonisch ab. So unterstützte Steinhoff den Aufsatz der AG NKF sogar, obwohl sie Richtlinienkompetenz über die deutschen Anteile der internationalen Arbeitsgruppe in Wahn erhielt.[110] Diese auszuüben oblag dabei dem ebenfalls in der AG vertretenen Planungsreferat des Führungsstabs der Luftwaffe, Fü L I 4,[111] das im Folgenden noch Gegenstand besonderer Aufmerksamkeit werden wird.

Im Juni 1968 sollte man sich zudem auch über die Einsetzung eines für das NKF federführenden Systembeauftragten im Ministerium einigen, der die Verantwortlichkeiten von Bedarfsträger und Bedarfsdecker durch eine komplizierte Konstruktion in sich vereinte.[112] Ab August 1968 wurde dazu im Führungsstab ein entsprechendes Organisationselement (Fü L/SBWS-NKF) geschaffen, dem der Leiter der internationalen Arbeitsgruppe Oberst Limberg als „*Systembeauftragter für das ,Neue Kampfflugzeug'*" (SBWS-NKF) vorstand. Für die Belange der „*Koordinierung bei der Entwicklung, dem Bau und der Einführung*" des neuen Flugzeuges war dieser dem HAL II unterstellt, bei „*in die*

---

[107] Über die Person Schiffers' (1913-?) finden sich kaum Auskünfte. Laut BUNDESARCHIV (2023b) leistete er ab 1939 über die gesamte Dauer des Zweiten Weltkrieg Wehrdienst. 1946 kehrte er aus der Kriegsgefangenschaft zurück. Nach mehreren ministeriellen Posten auf Landes- und Bundesebene war er 1956-58 zunächst Abteilungsleiter „Unterbringung und Liegenschaftswesen" im BMVtg. 1959 übernahm er für ein Jahr die Abteilung Personal, woran sich noch Ende 1959 bis 1967 die Leitung der Abteilung Haushalt anschloss. Von 1967 bis zur Zurruhesetzung im September 1972 war er Hauptabteilungsleiter II (Rüstung). Damit war den beiden Rüstungsabteilungen (bewusst?) ein Haushälter und kein Techniker vorgesetzt worden. Zu seinen Lebensstationen im BMVg siehe: TEUBER (1996).

[108] BArch, BW 1/181399, Stellungnahme HAL II anl. Ergebnisse CAS-Sitzung der Konsortiumsländer inkl. Weisungsvorlage an den Staatssekretär vom 7.2.1968, Zitat auf Seite 1.

[109] BArch, BW 1/181399, Weisung zur Bildung der AG NKF durch Sts von Hase vom 6.3.1968.

[110] BArch, BW 1/181399, Sts-Vorlage HAL II zur Bildung der AG NKF vom 14.2.1968 inkl. handschriftlichem Vermerk des AL W vom 9.3.1968 sowie Stellungnahme InspLw zum Vorschlag Bildung AG NKF vom 1.3.1968.

[111] BArch, BW 1/181399, Anlage 2 zum Zwischenbericht der AG NKF vom 29.3.1968.

[112] Dazu stellvertretend BArch, BL 1/18761, Besprechungsvermerk Fü L I 2 zu SBWS NKF vom 24.6.1968.

Zuständigkeit des Führungsstabes der Luftwaffe fallenden Aufgaben" hingegen dem Inspekteur der Luftwaffe. Diese Verschachtelung setzte sich dahingehend fort, dass der Stellvertreter des SBWS durch einen ständigen Vertreter der Abteilung T gestellt wurde.[113] Da Oberst Limberg den Großteil des Jahres 1968 bei der von ihm geleiteten Arbeitsgruppe zunächst in Wahn und später in München gebunden war, oblag dem für das Stellvertreteramt eingesetzten Oberregierungsrat [!][114] Dr. Johannes Trienes[115] aus dem Referat T IV 2 de facto die operative Programmaufsicht im Ministerium.[116]

Damit war eine für die Entstehungsphase des MRCA-Programms prägende personelle und hierarchische Verflechtung zwischen Luftwaffe und Rüstern geschaffen worden, die deutlich werden lässt, weshalb sich eine isolierte Betrachtung der zivilen oder militärischen Abteilungen im Bundesverteidigungsministerium verbietet. Die Netzwerke und Allianzen, die sich hier bilden sollten, schienen wenig zwischen Abteilungszugehörigkeiten zu unterscheiden. An die Stelle des maßgeblichen verbindenden Faktors für die „kleine ministerielle Kampfgemeinschaft" würde stattdessen die Nähe zur Programmrealität treten.

---

[113] BArch, BW 1/181399, Bestellung eines Systembeauftragten für das NKF-Programm durch Sts von Hase vom 12.8.1968.

[114] Das militärische Dienstgradpendant zum Oberregierungsrat als Referent im BMVtg war Oberstleutnant, womit die hierarchische Stellung Trienes' schwerlich im Verhältnis zum Ausmaß seiner Verantwortung stand.

[115] Dr. Ing. (Dipl.-Ing.) Johannes Trienes (1917-2000), geboren in Kleve, Studium des Flugzeugbaus an der Technischen Hochschule Aachen und Braunschweig. 1941-43 Wehrdienst, zuletzt Dozent an der Ingenieurschule der höheren fliegertechnischen Schule Jüterbog-Altes Lager. U.a. Assistent an der Technischen Hochschule Braunschweig, der Forschungsanstalt für Landwirtschaft und der Deutschen Forschungsanstalt für Luft- und Raumfahrt. 1963 Eintriott in die Bundeswehrverwaltung. Entwicklungsbeauftragter und Referent im Bundesamt für Wehrtechnik und Beschaffung (Gebiet Senkrechtstarter) sowie im BMVg (gebiet Starrflügler, speziell: MRCA). Danach Unterabteilungsleiter Wehrmaterial Luft im BMVg, zuletzt ab 1975 bis 1980 Leiter der Abteilung Rüstungstechnik im BMVg. Siehe: HANDBUCH DER BUNDESWEHR (1977), S. 266. Nach dem Ausscheiden aus dem BMVg arbeitete er für die amerikanische Rüstungsfirma Borg Instruments. Siehe: Bonner Kulisse. In: DIE ZEIT 3/1981 vom 9.1.1981. (https://www.zeit.de/1981/03/bonner-kulisse, 21.12.2023).

[116] BArch, BW 1/181399, Schreiben Fü L I an T IV 2 vom 20.10.1968 sowie Replik vom 28.10.1968.

3. Das „Neue Kampfflugzeug" als nationale Ausgangsforderung

a) Deutsche Forderungen nach der taktisch-technischen Auslegung des Flugzeuges

Als Einheitsnachfolger für die F-104G und die G.91 würde das neue Kampfflugzeug absehbar drei wesentliche Fähigkeiten von seinen beiden Vorgängern übernehmen müssen:

1. Die unmittelbare Unterstützung durch Aufklärung und Wirkung *am* Heer (Close Air Support, CAS) als genuine Aufgabe der G.91 in den leichten Kampfgeschwadern.

2. Die mittelbare Unterstützung des Heeres durch das Erringen und Ausnutzen der räumlich und zeitlich begrenzten Luftüberlegenheit *über* dessen Operationsgebiet (Air Superiority, AS). Hierin hatte die Luftwaffenführung die vorrangige Aufgabe der F-104G sowohl in den Jagd- als auch den Jagdbombergeschwadern erkannt, solange der Konflikt die atomare Schwelle nicht überschritten hatte.[117]

3. Die nukleare und nunmehr auch verstärkt konventionelle Wirkung in der Tiefe des gegnerischen Raumes im Rahmen von Gefechtsfeldabriegelung (Interdiction, ID) und „Strike" (S) als genuine Raison d'être der F-104G in den Jagdbombergeschwadern.

Der Ablösezeitraum ab 1975 war dabei durch die Obsoleszenzen und den „Flugzeugschwund" bei F-104G und G.91 ein festes Datum. Gemäß der Soll-Bestände in den zwei Jagd-, fünf Jagdbomber- und vier leichten Kampfgeschwadern ergab sich bei zwei Staffeln á 21 Flugzeugen je Geschwader ein rechnerischer Gesamtbedarf von 462 Flugzeugen.[118]

Luftwaffeninspekteur Generalleutnant Johannes Steinhoff hatte seine Schwerpunkte bei der Auslegung des neuen Flugzeugmusters bereits anlässlich seines Treffens mit den Leitern der Abteilungen „Wehrtechnik", „Wehrwirtschaft" und „Haushalt" des BMVtg im August 1967 zum Ausdruck gebracht. Es sollte die Fähigkeit der Luftwaffe *„konventionell zu kämpfen"* stärken, was auch bedeutete, dass die spiegelbildliche Ablösung der F-104G und G.91 erschwinglich genug sein musste, um *„die Zahl der fliegenden Verbände der Luftwaffe zu erhalten."* Um die Anschaffungskosten und den logistischen

---

[117] BArch, BL 1/14707, Tagebuch InspLw, Sprechzettel anl. Besprechung InspLw mit AL T, H, W und Fü L I am 18.8.1967 (Anlage), S. 5.

[118] BArch, BL 1/13554, Lagebeurteilung der Luftwaffe vom 23.4.1967, S. 15f.

Fußabdruck zu begrenzen, sollte „*die sonstige Ausrüstung und Avionic des Flugzeuges (…) simpel sein. Eine Vielzahl von sich ergänzenden Navigations- und Flughilfen ist unnötig.*"[119]

Auch wenn die Luftwaffenführung den Senkrechtstart fallengelassen hatte, bestand Steinhoff dabei zumindest auf einer Kurzstart- und Landefähigkeit, um kleine Ausweichplätze zur Dislozierung nutzen zu können. Genauso forderte er zudem die Fähigkeit, „*nukleare Bewaffnung zu tragen. Das bedeutet gleichzeitig, dass es auch große Reichweite haben muss. Denn nuklearfähig sein [,] um nukleare Waffen dem Heer ‚vor die Füße' zu werfen, ist unzweckmäßig.*"[120]

Für die militärischen Forderungen an das neue Flugzeug stellte Generalleutnant Steinhoff schlussendlich drei zentrale Prämissen auf, die dem inzwischen aufgelaufenen Zeitdruck, den Erfahrungen mit logistisch immer aufwendigeren Waffensystemen, sowie der knappen Haushaltslinie Rechnung trugen:

a) Die Verwirklichung darf technisch keine Risiken in sich tragen.

b) Das Flugzeug muss „simpel" sein.

c) Die Kosten müssen im tragbaren Rahmen liegen.[121]

Ab März 1968 überführte die eigens gegründete ministerielle Arbeitsgruppe „Neues Kampfflugzeug" (AG NKF) die Anforderungen an das neue Nachfolgemuster sukzessive in konkrete(re) Parameter. Es wäre für den „*Kampfeinsatz*" einsitzig auszulegen, für Ausbildungszwecke war eine zweisitzige Version vorgesehen. Der „*Priorität des Einsatzes als Erdkampfflugzeuges mit entsprechender Luftkampffähigkeit (Air Superiority)*" folgend, sollte das zu entwickelnde Flugzeug mit 4.000 Pfund Waffenlast 200 nautische Meilen Aktionsradius abdecken können, aber auch eine „*Überschallfähigkeit in mittleren Flughöhen*" aufweisen. Gemäß der vitalen Kurzstartforderung hatten ihm für das ausgewiesene Beladungs- und Reichweitenprofil (4.000 Ibs/200 NM) nur 450 Meter Startrollstrecke auszureichen. Um bei einem antizipierten Bedarf von „*450-500 Flugzeuge[n]*" für die Luftwaffe den Preisrahmen nicht zu sprengen, dürften zudem die „*Kosten pro Flugzeug (…) je nach Ausrüstung 7 bis 9 Mio[.] DM nicht übersteigen.*"[122]

Dieser Forderungskatalog schien aber nur einen Ausschnitt der Vorstellungen wiedergegeben zu haben, die im Führungsstab zur Auslegung des Flugzeuges existierten. Darunter fiel mit dem Referat „technisch-taktische Forderungen" Fü L I 4 auch ausgerechnet diejenige Stelle, die innerhalb des Führungsstabes mit dem

---

[119] BArch, BL 1/14707, Tagebuch InspLw, Sprechzettel anl. Besprechung InspLw mit AL T, H, W und Fü L I am 18.8.1967 (Anlage), S. 12.

[120] BArch, BL 1/14707, Tagebuch InspLw, Sprechzettel anl. Besprechung InspLw mit AL T, W und Fü L I am 18.8.1967 (Anlage), S. 7.

[121] Ebd., S. 12.

[122] BArch, BW 1/181399, Zwischenbericht der Arbeitsgruppe AG NKF vom 29.3.1968, S. 2 sowie BArch, BL 1/7584, 2. Bericht der AG NKF vom 3.5.1968, S. 2.

Nachfolgemuster betraut war und Weisungsbefugnis gegenüber dem deutschen Leiter der internationalen Arbeitsgruppe (ICCWG) besaß.[123] Als Schnittstelle des Führungsstabes zu den zivilen Luftfahrtreferaten der Wehrtechnikunterabteilung T IV beschäftigte sich Fü L I 4 intensiv mit den technologischen Anforderungen der Luftwaffe an zukünftige Waffensysteme. Vor dem Hintergrund der sowohl von Luftwaffeninspekteur Steinhoff als auch der AG NKF formulierten Anforderungen an das neue Kampfflugzeug fielen zwei Stoßrichtungen des Referates besonders auf. Zum einen vermeinte man dort mit Blick auf die Navigationsausstattung *„die Steigerung von Zuverlässigkeit und Genauigkeit"* als eine der *„vordringlichsten Forderungen der Luftwaffe"* erkannt zu haben.[124] Zum anderen zeichnete sich diese Tendenz zu komplexerer Ausstattung laut Fü L I 4 auch im Bereich der Bewaffnung ab. Für die Bekämpfung gegnerischer Flugabwehr und Infrastruktur forderte man Luft-Boden-Lenkwaffen von bis zu 2.000 lbs Gewicht und 25 km Reichweite, die aus dem Tiefstflug in Höhe von nur 100 bis 300 Fuß verschossen werden könnten. Die daraus erwachsenden Bedienanforderungen wären dabei nicht mehr nur durch einen Piloten zu bewältigen, sondern würden vielmehr zweisitzige Flugzeugauslegungen erfordern.[125]

Diese Überlegungen scheinen auch in die Vorstellungen des Referates Fü L I 4 zum neuen Kampfflugzeug eingeflossen zu sein, denen zur Folge bereits der für Luftnahunterstützung und Luftüberlegenheitsjagd konzipierte Einsitzer mit einem *„Terrain Following RADAR"* auszustatten war, das im Zweisitzer sogar einen automatischen Betrieb ermöglichen sollte. In Kombination mit Waffenrechnern für den Einsatz von Bomben und Lenkflugkörpern sowie einer Reichweite von bis zu 325 nautischen Meilen im Tiefflug sah Fü L I 4 die zweisitzige Version dabei explizit für die *„Gefechtsfeldabriegelung (Interdiction/Strike)"* vor.[126]

---

[123] BArch, BW 1/181399, Zwischenbericht der Arbeitsgruppe AG NKF vom 29.3.1968, Anlage 2 (Dienstanweisung für den Leiter des deutschen Anteils der Arbeitsgruppe „Hornisse").

[124] BArch, BW 1/384100, Langfristige Übersicht Entwicklungsprojekte durch Fü L I 4 vom 30.6.1967, S. 4. Dies bezog sich sowohl auf eine allwetterfähige (Teil-)Automatisierung von Landevorgängen als auch der <u>Streckennavigation</u>. Die hier geforderten *„Rechner (...), die je nach (...) Art und Einsatz des Luftfahrzeuges eine <u>zentrale</u> oder dezentrale Funktion übernehmen (Hervorhebung durch den Autor)"*, sind sicherlich auch durch die entsprechenden Mangelerfahrungen mit F-104G und G.91 zu erklären. In Kombination mit den bald darauf deutlich werdenden Vorstellungen für die Ausstattung des NKF lässt sich hier aber bereits eine erste gedankliche Bewegung in Richtung eines umfassend technisch assistierten Konturflugs erkennen.

[125] Ebd. Dass man damit bei Fü L I keineswegs allein war, zeigen die Bewertungen der Fü L III in BArch, BL 1/13554, Lagebeurteilung der Luftwaffe vom 23.4.1967, S. 36. Zu den Vorstellungen zu Luft-Boden-Flugkörpern und allgemeinen Trends bei der Bewaffnung siehe auch den Bestand BArch, BL 1/1366.

[126] BArch, BL 1/18760, Rahmenforderung Fü L I 4 an die Elektronikausrüstung für ein neues Kampfflugzeug vom 10.4.1968.

Die Vision des federführenden Fachreferates widersprach damit sowohl dem „Simplizitätsgebot" Steinhoffs als auch dem Primat der Heeresunterstützungsrolle, das dem Zweisitzer lediglich eine Ausbildungsfunktion zugestand. Stattdessen wird hier die zumindest gleichwertige Forderung nach einem zweisitzigen Flugzeug für den Kampf in der Tiefe des gegnerischen Raumes erkennbar, die mit einer generellen Präferenz für technisch leistungsfähigere, dadurch aber unweigerlich komplexere Lösungen einherging. Diese Konstellation wird es insbesondere bei der abschließenden Analyse im Rahmen dieser Arbeit zu berücksichtigen gelten.

Das gilt umso mehr, da Anzeichen für ein privilegiertes Verhältnis zwischen Inspekteur Johannes Steinhoff und einem Angehörigen des Referates Fü L I 4, Heinz Birkenbeil,[127] existieren. Birkenbeil war studierter Ingenieur und gehörte zu den ersten Luftwaffenoffizieren, die in den USA zu dedizierten Testpiloten ausgebildet worden waren. Diese Kombination aus fliegerischem und technischem Sachverstand entsprach dabei den Tugenden, die Inspekteur Steinhoff von seinen Offizieren „neuen Typs" explizit einforderte.[128] So war Birkenbeil – bis Ende 1968 noch im Dienstgrad eines Oberstleutnants – zum gefragten technischen Spezialisten avanciert, der den Inspekteur als Teil seines engeren Kreises zu einschlägigen Terminen im In- und Ausland begleitete.[129]

---

[127] Heinz Birkenbeil (1923-2009) hatte aufgrund seiner Jugend als einziger der in dieser Untersuchung in Erscheinung tretenden Luftwaffenoffiziere keine ausgedehnte Kriegserfahrung in der Wehrmacht gemacht. 1942 eingetreten, schloss er seine Pilotenausbildung erst im März 1945 ab. Nach Kriegsende absolvierte er ein Studium des Maschinenbaus und der Elektrotechnik, um im Anschluss unter anderem in der Versuchsabteilung des Flugzeugbauers Heinkel zu arbeiten. Auch diese Kombination aus technischer Ausbildung und industrieller Praxis war eine Ausnahmekonstellation und vermag zu erklären, warum Birkenbeil nur wenige Monate nach seinem Eintritt in die Bundeswehr 1956 die Ausbildung zum Flugtestoffizier und Testpiloten in den USA antreten durfte. Er begleitete das Waffensystem F-104G nicht nur in der Phase der Anpassungsentwicklung, sondern auch bei der Einführung in die Luftwaffe. So war er 1963 bis 1965 Kommandeur der technischen Gruppe des Jagdbombergeschwaders 31, das als erster deutscher Kampfverband die F-104G erhielt. 1965 wurde er in das Referat Fü L I 4 im BMVtg versetzt, 1971 übernahm er eine leitende Position im Luftwaffenamt, von 1976 bis 1981 leitete er im Dienstgrad eines Generalmajors die NATO-Agentur NAMMA, die eigens für das MRCA ins Leben gerufen worden war. Birkenbeil ist dabei durch seine Position an der „Bruchkante" der Generationen im Führungsstab der Luftwaffe weit über die Geschichte des MRCA hinaus historisch untersuchungswürdig. Zum Werdegang Birkenbeils vgl. RANGE (2013), S. 69.

[128] Für Steinhoffs Bild des Offiziers als Techniker, Manager und Soldat vgl. BIRK (2012), S. 149-151.

[129] Für einen Auszug der Termine siehe BArch, BL 1/14707, Tagebuch InspLw S. 29, 38, 52, 68, 95, 116, 130.

Für das MRCA-Programm wird Birkenbeil zudem dadurch bedeutsam, dass er Anfang der 1960er Jahre die deutschen Teile der Joint Test Force leitete, die in den USA die Flugerprobung der jüngst entwickelten F-104G vornahm und deren Mängel er in fast karrierebeendender Offenheit darlegte.[130] Es liegt daher die Annahme nahe, dass in seiner Person der „Genius Loci" des Referats Fü L I 4, die Negativerfahrungen einer mangelnden Eignung der F-104G für den Einsatz als tieffliegender Jagdbomber und ein besonderer Vertrauensstatus innerhalb maßgeblicher Teile des Führungsstabes kulminierten.

b) Deutsche Vorstellungen zu Industrie- und Behördenorganisation

Eine federführende Position der deutschen Industrie war von Beginn an Teil der Überlegungen zu einer nationalen Entwicklungslösung für ein neues Kampfflugzeug und beschränkte sich keinesfalls nur auf die Rüster. Schon im August 1967 hieß es im Sprechzettel für Steinhoffs Gespräch mit den Abteilungsleitern T und W: *„Ich gehe davon aus, dass ein solches Projekt primär von der deutschen Luftfahrtindustrie entwickelt werden sollte, weil ich davon überzeugt bin, dass die Erhaltung der Fähigkeit zu entwickeln und zu forschen aus mannigfachen Gründen lebensnotwendig ist."[131]* Wenig überraschend wurde dieser Anspruch auch in den Berichten der von den Luftfahrttechnikern der T IV geleiteten ministeriellen Arbeitsgruppe „Neues Kampfflugzeug" (AG NKF) deutlich artikuliert: *„Ein wesentlicher Punkt bei der ursprünglichen Konzipierung des NKF ist, der deutschen Luftfahrtindustrie hiermit eine Chance zu geben, das Projekt eines modernen Kampfflugzeuges von der Planung bis zur Serienfertigung durchzuführen. Dieser Grundgedanke sollte auch weiterhin die Leitlinie für alle Überlegungen und anstehenden Gespräche und Verhandlungen mit anderen Partnern sein."[132]*

Diese Ambition war allerdings mit zwei Einschränkungen zu vereinbaren. Erstens war die deutsche Industrie im Bereich des Triebwerkbaus und der elektronischen Geräteausrüstung auf die *„maßgebende Mitwirkung des Auslands"[133]* angewiesen. In beiden Bereichen kamen aus Sicht der Arbeitsgruppe nur US-amerikanische oder britische Technologie in Frage, wobei sie das Portfolio der Vereinigten Staaten als

---

[130] Vgl. SIANO (2016), S. 147f. Angesichts des von Birkenbeil vorgelegten Mängelberichtes zur F-104G drohte ihm der damalige Luftwaffeninspekteur Generalleutnant Josef Kammhuber mit der Entlassung.

[131] BArch, BL 1/14707, Tagebuch InspLw, Sprechzettel anl. Besprechung InspLw mit AL T, H, W und Fü L I am 18.8.1967 (Anlage), S. 12. Dabei kann es sich natürlich auch um ein taktisches Manöver gehandelt haben, um die Rüster für sich zu gewinnen. Die Häufigkeit, mit der sich der Inspekteur laut seinem Tagebuch mit Industrievertretern traf, macht diese Aussage allerdings durchaus glaubhaft.

[132] BArch, BL 1/7584, 2. Bericht der AG NKF vom 3.5.1968, S. 3. Hervorhebungen im Original.

[133] Ebd.

fortschrittlicher bewertete. Im Triebwerksbereich war es allerdings bereits in den Senkrechtstarterprogrammen zu einer britisch-deutschen Kooperation gekommen, sodass sie hier die Zusammenarbeit mit dem UK als „*politisch und finanziell am günstigsten*" einschätzte.[134] Zweitens brachte der besonders durch die Luftwaffe vorangetriebene multinationale Ansatz die Notwendigkeit mit sich, auch die Industrien der Partnerländer auskömmlich zu beteiligen. Beiden Umständen sollte durch die Auswahl einer deutschen Firma als Hauptauftragnehmer Rechnung getragen werden, über die die industriellen Ansprüche der Partnernationen und die Zuschaltung der benötigten Expertise im Bereich der Triebwerke und der Avionik über Unteraufträge abgewickelt werden sollten.[135] Dieses Konstrukt fungierte dabei als Anreiz für die weitere Konzentration der deutschen Luftfahrtindustrie, von der erwartet wurde, dass sie ihre Kapazitäten für diese international tragende Rolle im Programm bündeln oder gleich zu einer gemeinsamen Firma fusionieren würde.[136]

Umso wichtiger war es daher, den Führungsanspruch der deutschen Industrie so gut wie nur möglich zu verteidigen. So wies die ministerielle AG NKF schon in ihrem ersten Bericht explizit darauf hin, dass bereits die industrielle Einbindung der in der ICCWG versammelten Nationen den Arbeitsanteil der deutschen Unternehmen zwangsläufig schmälern müssen würde. Vor einer über das Triebwerk hinausgehenden Beteiligung der britischen Industrie an der Flugzeugzelle wurde daher ausdrücklich gewarnt. Deren Größe würde in Kombination mit dem nach Scheitern des AFVG-Projektes angestauten industriellen und politischen Druck drohen, „*die deutschen Firmen zu ‚industriellen Mitläufern' herabsinken zu lassen.*"[137]

Parallel zur Frage, wie die Industrie als Auftragnehmer zu organisieren sei, musste auch eine Vorstellung darüber entwickelt werden, wie die multinationalen Partner als Auftraggeber der Industrie in Erscheinung treten wollten. Dafür schwebte den Ministeriellen eine eigene Arbeitsorganisation vor, in der die für operative Steuerung und Überwachung aller Programmbereiche notwendigen internationalen Experten versammelt werden sollten. mit diesem Ansatz zur Bildung eines sogenannten „System Programme Office" (SPO) hatte man im AVS-Projekt erste Erfahrungen gemacht und wollte dieses Instrument nun auch zur Steuerung des nächsten internationalen Vorhabens nutzen. Eine deutsche Leitung des SPO wurde dabei als wünschenswert erachtet, auch wenn man bereits von der Notwendigkeit ausging, die Position aus Gründen des Proporzes einer anderen Nation anbieten zu müssen.[138]

---

134 BArch, BW 1/181399, Zwischenbericht der AG NKF vom 29.3.1968, S. 7.
135 BArch, BW 1/181399, Anlage 1 zum Zwischenbericht AG NKF vom 29.3.1968, S. 1.
136 BArch, BL 1/7584, 2. Bericht der AG NKF vom 3.5.1968, S. 3-6.
137 BArch, BW 1/181399, Zwischenbericht der AG NKF vom 29.3.1968, S. 4 für das Zitat sowie BArch, BL 1/7584, 2. Bericht der AG NKF vom 3.5.1968, S. 4.
138 BArch, BL 1/18766, Vermerk T IV/T IV 2 zum NKF Management vom 28.3.1968; BArch, BW 1/181399, Anlage 1 zum Zwischenbericht AG NKF vom 29.3.1968, S. 2f. sowie BArch,

c) Zwischenfazit: Die ministerielle Vision vom Neuen Kampfflugzeug

Wie sind nun die Ziele des BMVtg im Hinblick auf die Pole „Politik, Wirtschaft und Militär" zu bewerten? Es ist zu konstatieren, dass das Ministerium als heterogene Institution sämtliche Zieldimensionen abbildete, dabei aber durchaus Widersprüche bestanden.

Im Bereich „Politik" ist für sowohl Schröder als auch von Hase ein außen- und verteidigungspolitisches Interesse an der Zusammenarbeit mit Großbritannien zu erkennen. Hier bestand eine Zielidentität mit Inspekteur Steinhoff, dem beim Streben nach militärischen Standardisierungsvorteilen sowie ökonomisch vorteilhaften Stückzahlen für sein neues Kampfflugzeug an der Einbindung möglichst vieler Partner gelegen war. Vor diesem Hintergrund war die Ausweitung des ICCWG-Kreises auf Großbritannien und die RAF als eine der größten Luftwaffen Europas durchaus lukrativ. Gleichzeitig hatten der zähe Anlauf der Rüstungsplanung 1967/68 und die Wirren um das Nachfolgemuster für die G.91 und die F-104G erheblichen Zeitdruck aufgebaut. Einen politisch bedeutsamen internationalen Partner wie Großbritannien einzubinden versprach vor diesem Hintergrund auch die notwendige „außenpolitische Aufladung", um das Vorhaben rasch über die politischen Hürden in BMVtg, Regierung und Parlament bringen zu können. Dem gegenüber standen die Wehrtechniker, für die Internationalisierung lediglich ein technisch und politisch notwendiges Übel auf dem Weg zur Erfüllung des langgehegten Anspruchs darstellte, endlich ein „eigenes" Projekt erfolgreich von der Entwicklung bis in die Truppe führen zu können. Eine Zusammenarbeit mit Großbritannien war vor diesem Hintergrund zwar technologisch und politisch interessant, barg aber das Risiko, den eigenen Führungsanspruch im Programm zu gefährden.

Für das Politikfeld „Wirtschaft" bestand das dem BMVtg durch Parlament und Regierung gesetzte Ziel darin, die deutsche Luftfahrtindustrie mit der Aussicht auf eine Führungsrolle im internationalen NKF-Programm zur Konsolidierung zu drängen. Der industrielle Führungsanspruch war damit eng mit dem Konsolidierungsbestreben verwoben, da sich die beiden Teilziele gegenseitig bedingten. Gerade für ersteres bestand dabei eine klare Zielidentität mit den Rüstern, die „ihre" Industrie möglichst prominent platzieren mussten, um eine deutsche Programmleitung abzusichern. Im Gegenzug konnte den Rüstern daher auch an der Konsolidierung der deutschen Industrie gelegen sein, um einen noch potenteren „nationalen Champion" zur Sicherung des deutschen Führungs-anspruchs entsenden zu können. Das Eintreten für eine dominante Rolle der eigenen Industrie war damit kein rein aufoktroyiertes, sondern ein zumindest in Teilen

---

BL 1/7584, 2. Bericht der AG NKF vom 3.5.1968, S. 6 (hier auch das Zitat). Die Genese der Vorstellungen zur Behördenorganisation lässt weitere Einblicke in die Binnenverhältnisse und Ambitionen auf der Arbeitsebene des Ministeriums zu. Gleiches gilt für das Verhältnis von Industrie und BMVtg, zwischen denen ein reger Austausch zu Organisationsfragen bestand.

des BMVtg intrinsisches gehegtes Ziel. Die Bemerkungen Steinhoffs in diese Richtung lassen erahnen, dass sich diese internalisierte Anspruchshaltung dabei nicht nur auf die Hauptabteilung Rüstung beschränkte.

Beim Spannungspol „Militär" hätte die Vermutung nahe gelegen, dass das BMVtg zumindest in diesem Bereich eine geschlossene Haltung vertrat. Wie sich gezeigt hat, war dem mitnichten so. Abseits der offensichtlichen Feststellung, dass die „Flexible Response" ein konzeptionelles und rüstungstechnisches Umdenken erfordern müsse, liefen die Ableitungen daraus schnell auseinander. Inspekteur Steinhoff suchte nach einem simplen und entsprechend günstigen Flugzeug zum Einsatz für das und über dem Heer. Ausgerechnet in jenem Referat, dem die Verteidigung dieses auf Simplizität und Heeresunterstützung ausgelegten Designs in der internationalen ICCWG aufgetragen worden war, fanden sich aber Sympathisanten eines komplexeren Flugzeugmusters, denen die Eignung für den weitreichenden Allwettereinsatz in der Tiefe des gegnerischen Raumes als mindestens gleichwertig gegolten zu haben schien.

4. Der Weg zum offiziellen Start des internationalen Programms

a) Illusion der Einigkeit –
Die Verhandlungen der „Konsortialpartner" bis Mai 1968

Seit März 1968 arbeitete die „Interim Consortium Canadian Working Group" an der Formulierung des militärischen Forderungskataloges, der sogenannten „Operational Equipment Objectives" (OEO). Dabei waren allerdings rasch erhebliche Unterschiede zu Tage getreten. Tatsächlich stand die deutsche Luftwaffe mit ihrer Forderung nach einem prioritär auf Luftnahunterstützung ausgelegten Design in diesem Kreis komplett allein da. Die größte Übereinstimmung zeigte sich noch mit den Niederländern, bei denen diese Forderung immerhin Rang zwei nach der Eignung für die Luftüberlegenheitsjagd darstellte. Die anderen Nationen legten indes primär Wert auf die Höhenjagd (Kanada, Italien) und den Allwettereinsatz als schwerer Jagdbomber (Italien).[139]

Die Versuche, alle Anforderungsprofile in einem gemeinsamen Forderungskatalog an das inzwischen als „Muli Role Aircraft" (MRA) bezeichnete Flugzeug zusammenzutragen, hatten zu entsprechend umfangreichen OEO geführt. Als die ICCWG ihre Ergebnisse am 11. April 1968 vorlegte, kalkulierte Wehrtechniker Johannes Trienes einen Stückpreis von 15 Mio. DM und ein Abfluggewicht von 50.000 Ibs.[140] Ähnliche Berechnungen stellte die deutsche Industrie Vertretern von Fü L, T und W Anfang Mai 1968 vor und kam dabei gar auf ein stattliches Gewicht von 70.000 Ibs.[141] Die OEO sollten – so stellten sowohl T IV 2 als auch die ICCWG rasch klar – dabei zwar lediglich als Zielwerte dienen, um die Kostenwirksamkeit einzelner Parameter aufzuzeigen,[142] die theoretisch mit ihrer Umsetzung verbundenen Gewichts- und Kostenklassen unterstrichen aber bereits deutlich die Ausmaße der Notwendigkeit zu Kompromiss und Priorisierung. Kurzum: Die Vorstellungen zur militärischen Auslegung des Flugzeuges waren im Mai 1968 weder national, geschweige denn international konsolidiert, auch wenn es mit der „Charakteristik ‚Neues Kampfflugzeug'" und den „Operational Equipment Objectives" Dokumente gab, die diesen Eindruck nahelegten.

---

[139] BArch, BL 1/18760, Rohübersetzung Brief des ital. Luftwaffeninspekteurs an InspLw vom 2.1.1968, sowie BArch, BL 1/7625 Vermerk Dr. Trienes T IV 2 zum Progress Report der ICCWG vom 11.4.1968, S. 5.

[140] BArch, BL 1/7625, Vermerk Dr. Trienes T IV 2 zum Progress Report der ICCWG vom 11.4.1968, S. 5f.

[141] BArch, BL 1/7625, Vermerk T I 3 zum Vortrag der Industrie vor Fü L, T u. W vom 6.5.1968. Zum Vergleich: Die später durch die Luftwaffe präzisierte Vorstellung zum Abfluggewicht des NKF sollte bei 35.00 Ibs liegen.

[142] Ebd. sowie BArch, BL 1 /7625, „Rationale and Explanatory Notes to OEO" der ICCWG vom 14.5.1968.

Wie schon bei den militärischen Vorstellungen zum Flugzeug traten auch in den Belangen der Industrieorganisation alsbald Uneinigkeiten zu Tage, die sich sowohl auf nationaler als auch internationaler Ebene Bahn brachen. Im Kreise der ICCWG hatten die BMVtg-Vertreter die Forderung nach einem deutschen Hauptauftragnehmer eingebracht, konnte den internationalen Partnern aber noch keine uneingeschränkte Zusage abringen.[143] Anfang Mai 1968 monierten das Vertrags- und Luftfahrtreferat der Abteilung T, dass in Arbeitsgesprächen mit den internationalen ICCWG-Partnern ausgerechnet die Schwesterabteilung W wiederholt am deutschen Hauptauftragnehmer rüttelte. Hier hätte man den Konsortiumspartnern vorgeschlagen, eine internationale Firma einzusetzen, an der die Industriepartner proportional zum Kostenübernahmeanteil der jeweiligen Regierungen am Gesamtprogramm beteiligt werden sollten.[144] Damit drohte genau die Aushöhlung des deutschen industriellen Führungsanspruches, vor dem schon die ministerielle AG NKF eingehend gewarnt hatte.

Das Fehlen eines konkurrierenden Führungsanspruches im Kreise der Partner hatte indes verhindert, dass diese Heterogenität der Konzepte weder auf nationaler noch internationaler Ebene großartig ins Gewicht fiel. Bis dato schien das internationale NKF-Projekt sowohl die in Zulauftermin, Preis und Leistung adäquate Deckung des Bedarfs der Luftwaffe als auch die deutsche Führung des Programms zuzulassen. Der Beitritt Großbritanniens sollte jedoch diese allenthalben bestehenden Uneinigkeiten deutlich zu Tage treten lassen und die deutschen Vorstellungen für das Programm fundamental in Frage stellen.

b) Blinde Euphorie? Die Sondierungsverhandlungen mit Großbritannien bis zur „Römischen Vereinbarung" im Mai 1968

Parallel zu den Ende 1967 einsetzenden Vorbereitungen zum Aufsatz des neuen Kampfflugzeugprojektes hatte das BMVtg bereits Kontakt zu Großbritannien gesucht. Noch im Dezember hatten der Inspekteur der Luftwaffe, Generalleutnant Johannes Steinhoff, Wehrtechnik-Abteilungsleiter Albert Wahl[145] und Hauptabteilungsleiter

---

[143] BArch, BL 1/18761, Protokoll T IV 2 zur internen Management-Besprechung NKF vom 14.5.1968, S. 5.

[144] BArch, BL 1/9296, Vermerk T I 3 zur Forderung nach einem deutschen Hauptauftragnehmer vom 10.5.1968. Im Hintergrund liefen spätestens seit April Zuständigkeitsstreitigkeiten zwischen den Referaten T I 3 und W II 2 (BArch, BL 1/9296, Schreiben T I 3 an AL T zur Regierungs-vereinbarung NKF vom 18.4.1968).

[145] Albert Wahl, (*1910-?), „1929-1934 Studium an der technischen Hochschule Karlsruhe, 1934-37 Flugversuchsingenieur und Versuchspilot bei der Erprobungsstelle Travemünde, 1937-45 im Technischen Amt des Reichsluftfahrtministeriums. Ab 1940 Entwicklung von Flugkörperwaffen (…). Nach Gefangenschaft in der Industrie und selbständig tätig. Ab 1956 in Forschung und Entwicklung (…) im BMVg. Seit 1966 Leiter der Abteilung Wehrtechnik" des BMVg. Siehe: Handbuch der Bundeswehr, 1972, unpag.

Hans-Georg Schiffers den „Chief Scientific Adviser" im britischen Verteidigungsministerium, Sir William Cook, über die deutschen Vorstellungen vom NKF informiert.[146]

Anfang März 1968 trat auch die Royal Air Force (RAF) mit dem offiziellen Wunsch an die Luftwaffe heran, in Gespräche über die Anforderungen an ein neues Kampfflugzeug eintreten zu wollen.[147] Steinhoff suchte daraufhin den Schulterschluss mit dem niederländischen Luftwaffeninspekteur, Generalleutnant Bertie Wolf. Gemeinsam mit seinem Verteidigungsminister hielt er die Teilnahme der Briten als „zweites Bein" des Programms zwar für „vorteilhaft", machte aber auch klare Bedenken deutlich. Es würde sich die Frage stellen, inwieweit „England wirklich gewillt [sei], die militärischen Forderungen anzuerkennen", die innerhalb der ICCWG erarbeitet wurden. Gleichzeitig wäre in britisch-niederländischen Gesprächen der Eindruck entstanden, dass die britische Industrie mit einem eigenen Entwurfsmuster in den Wettbewerb um das Nachfolgeflugzeug eintreten wolle. Vor diesem Hintergrund warb Wolf bei Steinhoff darum, die Vorstellungen innerhalb der ICCWG-Staaten erst weiter zu konsolidieren, bevor die Briten ins Programm geholt würden. Die beiden einigten sich schlussendlich darauf, der RAF die inzwischen definierten gemeinsamen Anforderungen zu übergeben, den Austausch darüber aber bewusst noch außerhalb der ICCWG zu belassen.[148]

Dass die niederländischen Bedenken durchaus ihre Berechtigung hatten, zeigt ein Schreiben des Luftfahrtindustriellen Ludwig Bölkow an Abteilungsleiter Wahl aus dem Februar 1968, das bald darauf auch im Führungsstab zirkulierte. Laut Bölkow war die BAC als designierter britischer Hauptauftragnehmer für ein mögliches Kooperationsprogramm an ihn herangetreten, um die Möglichkeit eines gemeinsamen Vorschlages für die Ausgestaltung der industriellen Zusammenarbeit an die britische und deutsche Regierung zu eruieren. Bölkow erkundigte sich beim BMVtg nicht nur, ob solche Gespräche „opportun" seien, sondern ließ den obersten Wehrtechniker auch an den britischen Vorstellungen für das Flugzeug teilhaben. Mit kalkulierten Stückkosten von umgerechnet nicht mehr als zehn Millionen DM lag das Design preislich grob im Rahmen dessen, was man sich im Führungsstab und auch bei der ICCWG vorstellte. Darüber hinaus unterschieden sich die Vorstellungen der BAC aber erheblich von Steinhoffs Vision für das „Neue Kampfflugzeug". So wäre das Muster in erster Linie für den „Strike"-Auftrag unter Allwetterbedingungen konzipiert und mit entsprechender Reichweite (400 NM) und Avionik auszustatten, womit es ein Leergewicht von 35.000 lbs[149] erreichte. Die für die deutsche Luftwaffe so vitale Startstreckenbegrenzung wurde mit 1.000 Metern um mehr als das Doppelte überschritten und der Einsatz über dem

---

[146] BArch, BW 1/181399, Sts-Vorlage HAL II anl. Empfang Sir William Cook vom 2.4.1968, S. 1.

[147] BArch, BL 1/18760, Schreiben InspLw an AM Sir John Grandy vom 8.3.1968.

[148] BArch, BL 1/18760, Notiz InspLw zur Besprechung mit GenLt Wolf vom 11.3.1968.

[149] Zum Vergleich: die Luftwaffe würde später 22.000 lbs Leergewicht als Basis für „ihr" NKF anlegen.

Gefechtsfeld war lediglich in der Zweitverwendung vorgesehen, zu der noch die Eignung als schneller Höhenjäger hinzutrat.[150]

Noch wurde die Illusion der deutsch-britischen Kompatibilität für das Design des Flugzeuges durch die OEO aufrechterhalten, die als Sammelbecken sämtlicher militärischer Forderungen auch die technisch anspruchsvollen Höhenjagd- und Jagdbomber-Wünsche der Italiener und Kanadier enthielten. So konnte sich auch die RAF im internationalen Anforderungskatalog wiederfinden, nachdem dieser ihr Ende März 1968 zur Prüfung überlassen worden war. Wenig später berichtete Inspekteur Steinhoff an Staatssekretär von Hase, man habe ihm mitteilen lassen, dass *„die militärischen Forderungen der Royal Air Force (…) weitgehend denen [entsprächen], die das Konsortium formuliert habe."* Eine ausgiebigere Bewertung würde die RAF bald nachreichen. Man teile dort zudem die Einschätzung, dass die Zeitlinie ambitioniert sei und entschlossenes Handeln erfordere. Angesichts dieser Interessenüberschneidung hielt es Steinhoff *„nicht für gerechtfertigt, England so lange von der Diskussion auszuschließen"*, wie es sein niederländischer Amtskollege gefordert hatte.[151]

Selbst Abteilungsleiter Wahl als oberster Wehrtechniker kam nicht umhin festzustellen, dass *„die britische Interessenbekundung an einer gemeinsamen Entwicklung ernst und nachdrücklich vorgebracht"* sei. Ganz ohne Klarstellung der vorgesehenen internationalen Hackordnung kam er allerdings nicht aus: *„Da sich inzwischen zusätzlich aufgrund der <u>eigenen deutschen Studien</u> [Unterstreichung KK] die Brauchbarkeit britischer Triebwerksentwicklungen abzeichnet (…) ist der Zutritt Großbritanniens militärisch und technisch interessant"*. Staatssekretär von Hase machte seine Zustimmung zu dieser Einschätzung noch auf der Vorlage selbst handschriftlich deutlich. Er sei *„der Mein[ung], dass die Eng[länder] an den Gesprächen sofort beteiligt werden sollten."*[152]

Im April 1968 schien damit einer raschen Einbindung der Briten nichts entgegenzustehen. Ganz im Gegenteil, Inspekteur Steinhoff durfte auf die Kooperation mit einer der größten Luftwaffen Europas hoffen, was nicht nur eine signifikante Erhöhung der NKF/MRA-Gesamtflotte bedeutet hätte, sondern auch die dringend nötige außenpolitische Aufladung schaffen würde. Bei letzterem Aspekt konnte er sich nachweislich der Unterstützung des Staatssekretärs sicher sein. Für die wirtschaftliche Komponente ließ der Ausblick darauf, die Briten mit der Federführung beim Triebwerk abfinden und so aus der Flugzeugzelle weitestgehend heraushalten zu können, auch die Rüster mitziehen. Im militärischen Bereich wurden die prinzipiellen Unterschiede zwischen den deutschen Vorstellungen und denen der internationalen Partner noch durch die breite Interpretationsfähigkeit der OEOs verdeckt. Daran, diese offenzulegen, konnte zu diesem Zeitpunkt kein politisches Interesse bestehen. Starke Opposition gegen ein

---

[150] BArch, BL 1/18760, Brief Ludwig Bölkow an AL T vom 22.2.1968 inkl. Gegenzeichnung Fü L I 4.

[151] BArch, BW 1/181399, Sts-Vorlage InspLw zur Beteiligung Großbritanniens am NKF vom 1.4.1968.

[152] BArch, BW 1/181399, Sts-Vorlage HAL II anl. Empfang Sir William Cook vom 2.4.1968 inkl. Glossen.

komplexeres, zweisitziges „Strike"-Flugzeug war aus dem federführenden Referat des Führungsstabes Fü L I 4 derweil ebenfalls nicht zu erwarten.

Das man inzwischen auch bereit war, zentrale Interessensunterschieden aktiv zu ignorieren, zeigte der Umgang mit dem Sondierungsgespräch zwischen Rüstungshaupt-abteilungsleiter Schiffers und Sir Cook vom 6. Mai 1968. In einer bemerkenswerten Offenheit berichtete Schiffers an Schröder und von Hase, dass man sich tatsächlich über fast gar nichts mit den Briten einig war. Diese seien „fest entschlossen, sich an dem Projekt zu beteiligen und weniger auf das Flugzeug, aber mehr auf Management und Industriebeteili-gung Einfluss nehmen zu wollen." Von einer behördlichen Systemführung durch ein SPO wollte man dort nichts wissen, die Projektleitung sollte zwischen den Industriepartnern verhandelt werden, was – so Schiffers selbst – „angesichts der unterschiedlichen Unternehmens-größen der britischen und deutschen Luftfahrtindustrie zu einem unerwünschten britischen Übergewicht" führen würde. Damit waren auf einen Schlag sowohl die industriepolitischen Ziele als auch der interne Gestaltungsanspruch der Wehrtechniker bedroht, was den Hauptab-teilungsleiter zur Einsicht bewog „in dieser Frage (...) keine gemeinsame Basis für das weitere Vorgehen" finden zu können. Für die Auslegung des Flugzeuges wurde die Widersprüch-lichkeit der Forderungen nicht in ihrem vollen Ausmaß sichtbar. Die Aussicht auf zu-sätzliche 300 Flugzeuge, die die RAF abnehmen wollte, musste in Kombination mit der deckungsgleichen Preisvorstellung durchaus verlockend wirken. Vor dem Hintergrund der zurückliegenden Ausführungen wird aber schnell erkennbar, was sich tatsächlich hinter den „Meinungsverschiedenheiten (von der Aufgabe und der Reichweite her)" verbarg, von denen der Hauptabteilungsleiter berichtete. Den offensichtlichen und latent schwel-enden Interessenkonflikten zum Trotz gab man sich optimistisch. So erschienen die Un-terschiede bei den militärischen Forderungen laut Schiffers „nicht unüberwindlich", die bri-tischen Vorstellungen zur Industrieorganisation bezeichnete Cook ihrer Drastik zum Trotz angeblich als für die Beteiligung Großbritanniens nicht essentiell. Dabei muss bemerkt werden, dass mit Schiffers ein „Rüster" Kompromisse bei der militärischen Auslegung in Aussicht stellte, während auf britischer Seite Cook als Vertreter des Ver-teidigungsministeriums seine großzügige Bereitschaft ankündigte, eine der Kernforde-rungen des britischen Technologieministeriums über Bord zu werfen. Nur so lässt sich die Einschätzung erklären, nach der „die beiderseitigen Vorstellungen über die Fortführung des Programms zwar voneinander ab[wichen], (...) aber nicht so unterschiedlich zu sein [schienen], dass nicht doch eine gemeinsame Linie gefunden werden könnte."[153]

Daher sollte, so schlug Schiffers vor, die nächste Sitzung der ICCWG-Luftwaf-fenchefs dazu genutzt werden, „die Meinung der anderen Länder zu einer britischen Beteiligung" einzuholen. Bezeichnenderweise hielt der HAL II es für durchsetzbar, eine solche Zu-stimmung daran binden zu können, dass sich das Vereinigte Königreich damit einver-standen erklärte, dass es „die bisher [durch die ICCWG-Staaten] gefassten Beschlüsse anzunehmen hat[.]" Hier brach sich die Hoffnung bahn, die abweichenden Vorstellungen

---

[153] BArch, BW 1/181399, Ergebnisvermerk HAL II zu Gespräch mit Sir William Cook vom 13.5.1968.

Großbritanniens durch ein kollektives „Powerplay" mit den ICCWG-Partnern verbindlich abräumen zu können. Aus Sorge um die Konfrontation mit den Briten oder in Einsicht der deutschen Hybris intervenierte Staatssekretär von Hase direkt mit dem Vermerk „*sollte man etwas elastischer formulieren[.]* "[154]

Als sich die ICCWG-Luftwaffeninspekteure am 17. und 18. Mai 1968 in Rom trafen, einigten sie sich sowohl auf die Aufnahme Großbritanniens als auch die Absicht, das Programm so rasch wie möglich durch ein „Memorandum of Understanding" (MoU) auf Regierungsebene offizialisieren zu wollen. Im Bereich der organisatorisch-industriellen Programmführung verabschiedeten sie zudem wesentliche Grundlagen, die den weiteren Verhandlungsverlauf als die „Prinzipien von Rom" begleiten sollten. Deren Kern bildete die spiegelbildliche Kombination aus einem industriellen Hauptauftragnehmer auf der einen und einem System Programme Office (SPO) als behördlichem Steuerungsorgan auf der anderen Seite. Als oberstes exekutives Entscheidungsgremium sollte ein international besetztes „Steering Committee" (SteerCo) eingesetzt werden, dem wiederum die „Policy Group" als politisches Legislativorgan übergeordnet wurde. Der Weg für eine maßgebliche Mitwirkung des BMVtg an der operativen Projektsteuerung stand damit offen, die Durchsetzung eines dediziert deutschen Hauptauftragnehmers war allerdings nicht gelungen.[155]

Auf der militärischen Seite wurde der von der ICCWG ausgearbeitete breite militärische Forderungskatalog als „approved OEO" angenommen und sollte durch die internationale Arbeitsgruppe bis Ende des Jahres zu „Operational Equipment Requirements" (OER) verdichtet werden. Dafür wurde die ICCWG zur „Joint Working Group" (JWG) umgebildet und zum 1. Juli 1968 von Wahn nach München verlegt, [156] womit sie von der räumlichen Nähe zu den technischen Einrichtungen des Entwicklungsrings Süd (EWR) profitieren konnte.

c) Eine leere Vereinbarung – Die Regierungserklärung vom 17. Juli als politischer Erfolg aktiver Problemverdrängung

Für die Unterzeichnung des MoU war in Rom die konstituierende Sitzung der Policy Group am 18. Juni avisiert worden. Die Arbeiten zur Vorbereitung der Regierungserklärung offenbarten jedoch rasch, dass die deutschen Hoffnungen, zeitnah zu einem verbindlichen Abkommen für das Projekt zu kommen, zu optimistisch gewesen waren. Außer Deutschland und den Niederlanden sah sich keines der anderen vier Partnerländer dazu in der Lage, sich für den gesamten Programmverlauf bindend festzulegen. Stattdessen forderten sie ein begrenztes MoU, das sich vorerst auf den Zeitraum bis zur

---

[154] BArch, BW 1/181399, Ergebnisvermerk HAL II zu Gespräch mit Sir William Cook vom 13.5.1968 inkl. Glosse auf Seite 3.

[155] Hierfür sowie für die folgende Beschreibung BArch, BL 1/18761, Ergebnisprotokoll des CAS-Meetings in Rom am 17. und 18.5.1968 inkl. dreier Anlagen.

[156] Ebd.

Finalisierung der OER Ende Dezember 1968 beschränken sollte. Die Briten dachten zudem gar nicht daran, sich von den ICCWG-Partnern vor die vollendeten Tatsachen der Römischen Vereinbarung stellen zu lassen, die ihren Vorstellungen zur Industrie- und Behördenorganisation fundamental zuwiderlief.

Ähnliches spielte sich im Bereich der militärischen Anforderungen ab, in die nun auch die Bedarfe der RAF eingewoben werden mussten. Die konkreten Verhandlungen legten jetzt die grundsätzlichen konzeptionellen Unterschiede offen, deren Verdrängung bis dato noch durch gutmütige Auslegung der OEOs möglich gewesen war. Kurz nachdem Ende Mai erstmals eine britische Delegation an einer Sitzung der ICCWG teilgenommen hatte, um ihre Anforderungen an das MRCA vorzustellen, stellte der Unterabteilungsleiter T IV, Dr. Engelmann, fest, was schon seit Monaten absehbar gewesen war: *„Die englischen Auffassungen über Auslegung und Preis des Flugzeuges liegen auf der Linie der deutschen Absichten; [aber] im gegenwärtigen Zeitpunkt ‚beißen' sich die Forderungen und die Eckwerte."*[157]

In Anbetracht ihres militärischen Bedarfs bestand die RAF wenig überraschend darauf, den Auftrag „Interdiction/Strike" als Auslegungsmission in die OEO aufnehmen zu lassen, die das MRA nach der bisherigen Konzeption lediglich als Überlastmission erfliegen können sollte. Zeitgleich brachte sie Forderungen nach hoher Geschwindigkeit in großen Flughöhen ein, die vom Forderungsprofil des Höhenjägers herrührten. Damit konnten sie die Italiener auf ihrer Seite wissen, deren Forderungen seit ehedem in diese Richtung gegangen waren.[158]

In Anbetracht der drohenden internationalen Marginalisierung der deutschen Forderungen wäre spätestens jetzt eine Intervention der Luftwaffe zu erwarten gewesen. Überraschenderweise meldete Oberst Gerhard Limberg, der nach der ICCWG nun auch die Joint Working Group leitete, die von Großbritannien eingebrachten Änderungsvorschläge der OEO seien *„entweder unbedeutend oder echte Verbesserungen hinsichtlich einer genaueren Definition der ‚Objectives'[.]"* Zwar zeichne sich ab, dass das Kompromissflugzeug *„grundsätzlich vom Zweisitzer auszulegen sein wird"*, sollten alle Partner Teil des Programms bleiben und die deutschen Forderungen bezüglich Reichweite, Geschwindigkeit und Manövrierfähigkeit[159] seien zu niedrig angesetzt *„um einen baldigen Kompromiss (…) zu ermöglichen"*, dennoch wäre die Aussicht auf *„ein gemeinsames Programm mit einem*

---

[157] BArch, BL 1/18761, Ergebnisprotokoll Ref. b. HAL II zur AL-Besprechung vom 28.5.1968, S. 2; sowie BArch, BL 1/18762 Sachstandsbericht Fü L I 2 zur Phase I MoU vom 5.7.1968.

[158] BArch, BL 1/18762, Schreiben O Limberg, Deutscher Anteil JWG MRA, betr. Einarbeitung englischer Kriterien in die „Approved Operational Equipment Objectives" vom 12.7.1968.

[159] Manövrierfähigkeit meint hier nicht die für die Wendigkeit maßgebliche Flächenbelastung, sondern die „Specific Excess Power" (SEP) als Determinante der Steigleistung. Vereinfacht hat ersteres für einen agilen Luftüberlegenheitsjäger große Bedeutung, während letzteres eine maßgebliche Kennzahl für die Eignung eines Flugzeuges zum schnell steigenden Abfangjäger für große Höhen ist.

Flugzeug, das unseren nationalen Interessen voll gerecht wird, positiv."[160] Bemerkenswerterweise schien weder Limberg in dem absehbar später zulaufenden, potentiell schwereren und zweisitzigen Flugzeug einen Widerspruch zu den deutschen Vorstellungen erkannt zu haben, noch fühlte man sich ob dessen im Führungsstab zu einer Richtigstellung bemüßigt.

Als die in der Policy Group versammelten Ministerstellvertreter letztendlich am 17. Juli 1968 in Bonn zusammenkamen, um die gemeinsame Regierungserklärung zu unterzeichnen, war in vielen wesentlichen Punkten noch kein einheitlicher Standpunkt erreicht. Dieser Umstand spiegelte sich in der Diskussion um deren Unterzeichnung sowie im Dokument selbst wider. Gegenüber Minister Schröder und Staatssekretär von Hase würde Hauptabteilungsleiter Schiffers am Folgetag berichten: *„Die Zustimmung des Vereinigten Königreiches konnte erreicht werden, ohne die Basis der Zusammenarbeit, die durch die Römischen Vereinbarungen festgelegt ist, zu verlassen. Insofern lenkte Großbritannien ein.*"[161] Diese Aussage war oberflächlich betrachtet zwar richtig, beim zweiten Blick musste sie sich aber als die maximal optimistische Auslegung der Verhandlungsrealität entpuppen.

Tatsächlich hatten die Vertragspartner die Kernbestandteile des Römischen Konsens als Grundlage der weiteren Arbeiten im MoU aufgelistet, aber in den meisten Fällen entweder noch im Dokument selbst aufgeweicht oder Unklarheiten in deren Auslegung ganz bewusst akzeptiert. Im Bereich der militärischen Forderungen an das jetzt offiziell als Multi Role Combat Aircraft (MRCA) bezeichnete Flugzeug verwies man auf die in Rom erarbeiteten Charakteristiken, legte aber gleichzeitig die um die britischen Forderungen ergänzten OEOs an.[162] Damit war eine taktisch-technische Auslegung zur Grundlage des MRCA geworden, die erhebliche Abweichung zu den ursprünglichen Vorstellungen Steinhoffs für das NKF aufwies.

Ähnliches spielte sich bei der Industrie- und Behördenorganisation ab. Deren Grundlage bildete laut MoU *„eine mehrstaatliche, von den Regierungen getragene Management-Organisation sowie eine Industrie-Organisation mit klar umschriebener Gesamtverantwortung für das Waffensystem, die ihre Aufgaben in engster Zusammenarbeit wahrnehmen.*"[163] Tatsächlich machte die britische Seite dabei aber noch in der Sitzung selbst klar, diesen Passus nur in dem Verständnis mitzutragen, sich damit nicht für ein *„full-blooded SPO"* zu binden.[164] Da genau dieses SPO aber den operativen Kern der Behördenorganisation bilden sollte, kann von einer Wahrung der Römischen Vereinbarung kaum die Rede sein. Dieser Dissens wurde noch unmittelbar auf der Sitzung in Bonn deutlich, als nach Unterzeichnung

---

[160] Ebd.

[161] BArch, BW 1/181399, Ergebnisvermerk HAL II zur Sitzung der Ministerstellvertreter am 17.7.1968 vom 18.7.1968, Zitat auf Seite 2.

[162] Ebd.

[163] BArch, BL 1/18763, Übersendung des übersetzten MoU durch T I 3 vom 8.8.1968, MoU-Seite 7.

[164] BArch, BW 1/181399, „Memorandum for Record" des Ref. b. HAL II von der Sitzung der Ministerstellvertreter am 17.7.1968 vom 18.7.1968, S. 5.

des MoU der „International Programme Manager" (IPM) als Leiter des SPO gewählt werden sollte. Mit Verweis darauf, dass die Frage der Behördenorganisation noch nicht abschließend geklärt sei (!), sah man auf britischer Seite für eine solche Wahl keinerlei Veranlassung.[165]

Tatsächlich hatte man im BMVtg diese Abweichung zwischen schriftlich fixiertem und tatsächlichem Verständnis bewusst einkalkuliert. Bereits am 15. Juli waren Schiffers, Wahl, Bode, Limberg und weitere maßgebliche Akteure der Arbeitsebene zu der Einschätzung gelangt: *„Sollte die Bezugnahme auf diese [die Römischen] Vereinbarungen das Zustandekommen des MoU mit den notwendigen 3 Unterschriften verhindern, so könnte versucht werden, die noch nicht abgedeckten Grundsätze in kondensierter Form durch die Beteiligten, insbesondere das UK in anderer geeigneter Form anerkennen zu lassen (besonders hinsichtlich des integrierten Managements, der Einheitlichkeit der Systemverantwortung in der Industrie und die Bedingung über Beitritt und Ausscheiden)[.]"*[166]

Die Klärung der zahlreichen offenen Punkte wurde durch das MoU im Lastenheft des Steering Committees abgeladen, das unter Abstützung auf die JWG und weitere, eigens zu bildende Arbeitsgruppen Vorschläge für die weitere Konkretisierung der militärischen Anforderungen sowie zur Industrie- und Behördenorganisation an die Policy Group vorlegen sollte.[167]

Angesichts dieses offensichtlichen Mangels an geteiltem Verständnis mutet die Unterzeichnung eines „Memorandum of Understandig" am 17. Juli durch Deutschland, Großbritannien, Italien und die Niederlande fast komisch an. Die meisten Partner waren erkennbar darum bemüht, den Grad der Verbindlichkeit auf ein absolutes Minimum zu beschränken. Dies betraf nicht nur die Regelung der Zusammenarbeit, sondern auch die zeitliche Dauer der Vereinbarung, bei der sich das MoU explizit auf die bis Ende 1968 angesetzte Konzeptphase des Projekts beschränkte. Zudem nahmen sich mit Belgien und Kanada zwei von sechs Nationen eine zweimonatige Bedenkzeit zur Unterzeichnung heraus, da sie sich aufgrund jeweils gerade stattfindender Regierungsumbildungen noch nicht in der Lage sahen, mitzuzeichnen.

Auf politischer Ebene war jedoch der Erfolg einer Einbindung Großbritanniens erreicht. Steinhoffs Kalkül, den militärischen Bedarf der Luftwaffe durch ein politisch sichtbares Projekt rasch decken zu können, begann jedoch bereits, sich ins Gegenteil zu verkehren. Der inzwischen aufgelaufene Zeitdruck bei der Ablösung von F-104G und G.91 erlaubte keine weiteren Verzögerungen mehr. Auch die von Hauptabteilungsleiter

---

[165] Ebd. Hier wurden die Briten im Übrigen von den Belgiern unterstützt, die erst die Ergebnisse der weiteren Arbeiten der JWG abwarten wollten.

[166] BArch, BL 1/18762, Ergebnisvermerk des Ref. b. HAL II zur AL-Besprechung am 15.7.1968 vom 16.7.1968, S. 2f. sowie angehangene Teilnehmerliste. Herauszuheben ist dabei die Anwesenheit von Dr Engelmann (T IV), Dr. Trienes (T IV 2) sowie OTL Birkenbeil (Fü L I 4).

[167] BArch, BL 1/18763, Übersendung des übersetzten MoU durch T I 3 vom 8.8.1968, MoU-Seite 3f. sowie BArch, BW 1/181399 Ergebnisvermerk HAL II zur Sitzung der Ministerstellvertreter am 17.7.1968 vom 18.7.1968, S. 2f.

Schiffers gehegte Hoffnung, die Briten schlichtweg zur Anerkennung der Römischen Vereinbarung zwingen zu können, hatte sich zerschlagen. Um dennoch eine politische Einigung zu ermöglichen, hatte das BMVtg die Existenz einer diametral entgegengesetzten britischen Interpretation des unterzeichneten Vertragswerkes wissentlich in Kauf genommen und die Frage der Industrie- und Behördenorganisation damit bewusst einem Schwebezustand preisgegeben. Noch verheerender fällt die Bestandsaufnahme des militärischen Faktors aus. Hier schien der Luftwaffenführung noch gar nicht bewusst zu sein, wie weit sich das MRCA bereits von ihren ursprünglichen NKF-Vorstellungen entfernt hatte. Dabei lässt sich trefflich spekulieren, inwieweit die im federführenden Referat Fü L I 4 durchscheinende Sympathie für ein zweisitziges, technisch komplexeres „Strike"-Flugzeug einen Anteil daran hatte, dass dieser Widerspruch noch nicht offenbar geworden war.[168]

Einen Lichtblick versprach indes die Entwicklung im Bereich der nationalen Industriepolitik. Um die Studientätigkeit der deutschen Industrie weiter finanzieren zu können, war man im Ministerium auf die Entsperrung entsprechender Gelder durch den Bundestag angewiesen.[169] Um die Freigabe der Mittel politisch zu flankieren, einigten sich die Unternehmen Bölkow und Messerschmitt darauf, vollends zur Messerschmitt-Bölkow GmbH zu fusionieren, womit eine maßgebliche Konsolidierung des Südclusters erreicht war.[170]

---

[168] Eine weitere Bewertung wird erst mit Einblick in die noch eingestuften Protokolle der internationalen Arbeitsgruppe ICCWG möglich sein.

[169] BArch, BW 1/181399, Protokoll der 83. Sitzung des VtgA vom 21.6.1968, insb. S. 8f. u. 14.

[170] BArch, BW 1/384103, Schreiben der Geschäftsführung des EWR an HAL II zur Fusion der Unternehmen Messerschmitt und Bölkow vom 14.6.1968.

5. Juli bis September:
Verdrängung, Verzögerung und Delegation

a) Der Elefant im Raum –
Der Weg zur Konfliktdelegation an die Industrie

Um zumindest für die Konzeptphase zeitnah zu einem MoU zu kommen, war das BMVtg der Diskussion über die Industrie- und Behördenorganisation bewusst ausgewichen. Der Zeitplan sah jedoch vor, bis zum 30. November 1968 auch die Verhandlungen für ein alle zukünftigen Phasen umspannendes „Gesamt-MoU" abzuschließen. Dazu würde die Frage der Industrie- und Behördenorganisation allerdings einer Klärung bedürfen, die durch das Steering Committee (SteerCo) und dessen Anfang August offiziell aufgestellte „Management Working Group" (MWG) erfolgen sollte.

Die Wahrscheinlichkeit, die eigenen Vorstellungen in diesem Bereich durchsetzen zu können, wurde im BMVtg allerdings von Beginn an als gering eingeschätzt. So hatte Hauptabteilungsleiter Schiffers bereits nach Unterzeich-nung des MoU an Minister Schröder berichtet, die Industrieorganisation würde *„aller Wahrscheinlichkeit nach nur durch die Bildung einer neuen Firma erfolgen können, an der alle wesentlichen [internationalen] Industriegruppen beteiligt sind".*[171] Im Führungsstab kam man intern zu derselben Einschätzung.[172] Ähnlich verhielt es sich mit der Behördenorganisation, für die Schiffers' persönlicher Rüstungsreferent Ministerialrat Dr. Seydel feststellte, dass eine *„den deutschen Vorstellungen (…) entsprechende SPO-Lösung (…) im Augenblick nicht realisierbar"* sei.[173] Vor diesem Hintergrund hatte der Hauptabteilungsleiter II für die erste Arbeitssitzung des SteerCo und der MWG Weisung gegeben, aus taktischen Gründen an der Forderung eines deutschen Hauptauftragnehmers festzuhalten, aber auch Kompromissbereitschaft in Richtung einer Gemeinschaftsfirma zu signalisieren, solange die deutsche Industrie auskömmlich an dieser beteiligt würde.[174]

Die vom 7. bis 9. August andauernde erste Verhandlungsrunde gab den Erwartungen der Ministeriellen Recht. Alle anderen Partner gaben der „Joint Company" den Vorzug, die Briten erhoben sie sogar zur einzig akzeptablen Organisationsform. Es wurde zudem immer deutlicher, dass Großbritannien nicht bereit war, sich als die gewichtigste der versammelten Luftfahrtindustrienationen in eine Juniorrolle zu fügen. Besonderer Stein des Anstoßes war dabei die Lokation der Joint Working Group sowie

---

[171] BArch, BW 1/181399, Ergebnisvermerk HAL II zur Sitzung der Ministerstellvertreter am 17.7.1968 vom 18.7.1968, S. 4.

[172] BArch, BL 1/18762, Sachstandsbericht NKF durch Fü L I (M Dassler) vom 31.7.1968, S. 1.

[173] BArch, BL 1/18762, Vorlage Ref. b. HAL II Management NKF anl. Besuch AC Stokla vom 29.7.1968, S. 2.

[174] BArch, BL 1/18762, Ergebnisvermerk Ref. b. HAL II zur Vorbereitung der SteerCo-Sitzung am 7.8.1968 vom 30.7.1968, S. 2.

weiterer Arbeitsgruppen bei Messerschmitt-Bölkow in München, in der man – zu Recht – einen deutschen Anspruch auf die industrielle und behördliche Führung des Programms erkannt hatte.[175] Wenig verwunderlich blieb angesichts dieser Konstellation die Einigung auf eine gemeinsame Industrieorganisation aus. Stattdessen sollte die Industrie nun binnen eines Monats selbst Vorschläge zu ihrer Organisation erarbeiten.[176]

Der Unterabteilungsleiter „Planung" im Führungsstab der Luftwaffe (Fü L I), Brigadegeneral Horst Krüger[177], der die Bundesrepublik im SteerCo vertrat, vermerkte im Anschluss an die Verhandlungen offenherzig, dass die *Management Working Group (…) zeitlich erheblich zurück[hängt]. Hier offenbaren sich die grundsätzlichen (…) Gegensätze für die Industrie-Organisation und amtsseitige Organisation (Government, SPO)[.]"[178]* Bemerkenswerterweise teilte der persönliche Referent des Ministers der Hausleitung allerdings nur wenige Tage später und unter explizitem Bezug auf den Bericht Krügers mit, dass *„das Projekt (…) im Augenblick zügig und vielversprechend"* liefe. Der aktuelle Dissens mit den Briten fand zwar Erwähnung, sollte Minister Schröder und Staatssekretär von Hase aber scheinbar nicht ohne den Komfort einer positiven Grundstimmung zugemutet

---

175 BArch, BL 1/18763, Kurzinformation Fü L I (BG Krüger) zur 1. Sitzung SteerCo vom 12.8.1968, S. 2 u. 4f.

176 BArch, BL 1/18763, Minutes of the 1st Meeting of the MWG in Munich (Draft) vom 9.8.1968, S. 4.

177 Horst Krüger (1916-1989) war in der Wehrmacht zunächst Aufklärungsflieger und diente später in verschiedenen Stabsverwendungen. Letzteres war dabei ein Distinktionsmerkmal gegenüber den zahlreichen „reinen" Fliegern wie Steinhoff oder Limberg. Nach dem Krieg studierte Krüger Staatswissenschaften und Volkswirtschaftslehre in Deutschland und an der US-Eliteuniversität Harvard. 1950 gehörte er zur Gruppe der 15 Experten, die im Himmeroder Kloster tagten, um über die deutsche Wiederbewaffnung zu beraten. 1955 trat er in die Bundeswehr ein, es folgten Stabsverwendungen bei der NATO sowie die fliegerische „Auffrischung". 1962 bis 1963 war er für ein halbes Jahr Referent beim deutschen Militärischen Vertreter im Militärausschuss der NATO, Johannes Steinhoff. Im Anschluss diente er als deutscher Luftwaffenattachée in den USA und studierte erneut an der Harvard-Universität. 1967 ging er als Unterabteilungsleiter „Planung" (Fü L I) in den Führungsstab der Luftwaffe. Dort oblag ihm und seinen Referaten – insbesondere Fü L I 4 – die stabsinterne Federführung für das neue Kampfflugzeug NKF/MRCA. Anfang 1970 übernahm er den frisch geschaffenen Posten des General Managers der NAMMA, 1973 ging er im Range eines Generalmajors in den Ruhestand (für den Werdegang vgl. RANGE (2013), S. 290, für die Rolle von Fü L I & Fü L I 4 siehe BArch, BL 1/14707, Tagebuch des InspLw, S. 114.).
Krügers hochwertige internationale und politische Qualifikation lässt die Frage aufkommen, inwieweit seine Berufung zum UAL Fü L I bereits Ausdruck der Antizipation eines politisch brisanten internationalen Kooperationsprojektes war. Ebenfalls untersuchenswert ist seine Beziehung zu Johannes Steinhoff. Festzuhalten ist in jedem Fall, dass Krüger durch seine Position im Fü L und als deutscher Vertreter im SteerCo zu den prägenden Figuren der Entstehung des MRCA-Programms zählte.

178 BArch, BL 1/18763, Kurzinformation Fü L I (BG Krüger) zur 1. Sitzung SteerCo vom 12.8.1968, S. 2.

werden.[179] Es lässt sich nicht abschließend feststellen, auf wen diese vorauseilende Berichtskosmetik zurückzuführen ist, die im weiteren Programmverlauf erkennbaren Muster lassen es allerdings zweifelhaft erscheinen, dass diese Formulierungen auf Brigadegeneral Krüger zurückgingen.

b) Kollidierende Egos –
Das erste Scheitern der Industrieverhandlungen

Am 23. August wollten sich die Industriepartner derweil das erste Mal zu internationalen Verhandlungen treffen. In Vorbereitung des Termins kamen die deutschen Industrievertreter und die maßgeblichen Akteure des BMVtg unter Vorsitz von Hauptabteilungsleiter Schiffers im Ministerium zusammen, um eine gemeinsame Linie abzustecken. Eine geschlossene Systemführung durch einen deutschen Hauptauftragnehmer für das Programm erschien zwar allen Beteiligten wünschenswert, wurde aber im gleichen Atemzug als international nicht vermittelbar erkannt. Bessere Erfolgschancen versprach eine internationale Hüllenfirma, die als „Joint Company" Arbeitspakete an nationale Unterauftragnehmer vergeben würde. Die größte Bedeutung kam dabei sowohl aus industrieller als auch ministerieller Sicht dem sogenannten „System Engineering" zu, das die technische Gesamtkonzeption und -integration für das zu entwickelnde Flugzeug umfasste. Hinter diesem Arbeitspaket verbarg sich nichts Geringeres als die Systemführerschaft für das MRCA. Entsprechend einhellig fiel die Einschätzung aus, diesen Anteil für die Bundesrepublik und damit die deutsche Industrie reklamieren zu müssen. Solange das System Engineering für das internationale Programm aus Deutschland heraus abgebildet werden konnte, erschien den Beteiligten die offizielle Form der Industrieorganisation als de facto nebensächlich.[180]

Selbstverständlich war die Bedeutung des System Engineering auch im Vereinigten Königreich bekannt. In der Folge arteten die im August beginnenden Industrieverhandlungen rasch in ein britisch-deutsches Ringen um dieses strategische Arbeitspaket aus. Die BAC wollte das geschaffene Präjudiz einer Konzentration der verschiedenen Arbeitsgruppen in München nicht gelten lassen und drängte darauf, das System Engineering nach Großbritannien zu verlegen, um auf die dort vorhandenen technischen Anlagen zurückgreifen zu können. Daran vermochte auch das deutsche Kompensationsangebot, in München ein internationales System Engineering Team unter britische Leitung zu stellen, nichts zu ändern.[181]

---

[179] BArch, BW 1/181399, Bericht Pers. Ref. d. Min. zum NKF-Lenkungsausschuss vom 15.8.1968, S. 3.

[180] BArch, BL 1/18763, Vermerk T IV 2 zur Besprechung mit Vertretern der deutschen Luftfahrtindustrie am 21.8.1968 vom 22.8.1968, inkl. vier Anlagen.

[181] Die Industriellen trafen sich zu insgesamt drei Verhandlungsrunden. Für die Protokolle siehe die Anlagen zu BArch, BL 1/7588, Schreiben EWR (MeBö) an BG Krüger vom 27.9.1968.

In Anbetracht der Tatsache, dass das MRCA-Programm nach den Rückschlägen beim TSR-2- und AFVG-Projekt auch für die britische Luftfahrtindustrie eine existenzielle Bedeutung hatte und sie im Vergleich zu den anderen Industriepartnern nicht nur wesentlich größer, sondern auch wesentlich erfahrener war, erscheint diese auf den ersten Blick recht harsch anmutende Position als das nachvollziehbare Bestreben, die Risiken für ein so entscheidendes Vorhaben so gut wie möglich zu reduzieren. Mit dem deutschen Führungsanspruch, der aus verschiedensten Gründen sowohl im BMVtg als auch der Industrie gehegt wurde, konnte diese Linie allerdings nicht vereinbar sein.

Bis Ende September 1968 verkamen die Verhandlungen der Industriellen zum offenen britisch-deutschen Schlagabtausch. Als Ergebnis sahen sich die internationalen „Partner" lediglich dazu in der Lage, dem Steering Committee das Ausmaß ihrer Meinungsverschiedenheiten aufzuzeigen.[182] Bis dahin hatte Messerschmitt-Bölkow BAC die Nutzung veralteter Managementverfahren vorgeworfen, denen man modernstes US-Know-how aus der AVS-Kooperation entgegenzusetzen können vermeinte. Die Briten indes verwiesen darauf, dass es der deutschen Industrie seit dem Zweiten Weltkrieg noch immer nicht gelungen sei, ein eigenes Kampfflugzeug bis zur Serienreife zu entwickeln. Diese Argumentationsmuster zeigen nicht nur die industrielle Bedeutung des AVS-Programms und des prestigebehafteten Meilensteins einer Eigenentwicklung, sondern lassen auch erahnen, welche Emotionalität die Verhandlungen erreicht hatten.[183] Tatsächlich klagte Messerschmitt-Bölkow Ende September 1968 in einem vertraulichen Schreiben an das BMVtg über die Behauptung eines britischen Regierungsvertreters, nach der „*man in München lediglich das System Engineering stationieren könne, wenn es um eine Zusammenarbeit mit Polen, Bulgarien oder Rumänien ginge*". Die deutschen Industriellen hätten selbst „*in über Jahre zurückreichenden Verhandlungen mit amerikanischen Firmen, denen es an Selbstvertrauen nicht mangelt, nie eine sachlich-inhaltliche wie auch in Geisteshaltung und Stil so intransigente Haltung festgestellt, wie bei den Gesprächen mit BAC.*" Eine weitere Zusammenarbeit mit der britischen Firma sah man kritisch, der Verhandlungsspielraum sei ausgeschöpft. Stattdessen wünschte Messerschmitt-Bölkow zu einem nationalen Programm „*mit offener Tür*" zurückzukehren oder alternativ mit dem alten AVS-Partner Boeing zu kooperieren.[184]

Der Versuch, die Lösung der Industrieorganisation an die Unternehmen zu delegieren, war damit vollständig gescheitert. Schlimmer noch hatte die Eskalation der Industrieverhandlungen dazu geführt, dass nun zumindest von Unternehmensseite die Möglichkeit eines Scheiterns der Zusammenarbeit zwischen den MoU-Partnern aufgebracht worden war. Zudem begann der Aufruhr auch im politischen Bonn bereits seine

---

182 BArch, BL 1/7588, Minutes of the Meeting of MRCA Industrial Partners at BAC vom 24.9.1968, S. 7f.

183 Ebd., S. 3-7.

184 BArch, BL 1/7588, „Besonderer Brief" MeBö an HAL II, InspLw und AL T vom 27.9.1968, 3f. sowie angehängte schematische Abbildung zu industriellen Kooperationsalternativen mit Präferenzeinstufungen.

Kreise zu ziehen. Am 30. September schrieb der Vorsitzende des Verteidigungsausschusses des Deutschen Bundestages, Dr. Zimmermann, Staatssekretär von Hase, er sei von *„verschiedenen Seiten (...) darüber informiert worden, dass die Vertreter der englischen Seite, insbesondere der englischen Industrie, sich energisch bemühen, die Programmführung und die wesentlichen technischen Arbeiten – das sog. „System-Engineering' – nach England zu ziehen."* Da es das erklärte Ziel des Flugzeug-Programms sei, der deutschen Industrie die Möglichkeit zu geben *„ihre Leistungsfähigkeit auch an einem eigenen Entwicklungs- und Fertigungsprogramm unter Beweis zu stellen"*, müsse *„den Bemühungen, die (...) technische Federführung nach England zu holen, klar entgegengetreten werden[.]"*[185]

c) Nur ein Missverständnis?
Steinhoffs Intervention bei der Auslegung des MRCA

Derweil hatte die Joint Working Group unter Oberst Limberg weiter an der Präzisierung der militärischen Forderungen gearbeitet und aus Sicht des Steering Committees bis Anfang August 1968 verheißungsvolle Fortschritte erzielt.[186] Das Ausmaß der Ablage zwischen der Charakteristik des NKF und den internationalen MRCA-Vorstellungen war dabei im Führungsstab der Luftwaffe nach wie vor nicht erkannt worden. Dies sollte sich Mitte August schlagartig ändern, als Generalleutnant Steinhoff gemeinsam mit Brigadegeneral Krüger nach München reiste, um sich von Messerschmitt-Bölkow den aktuellen Stand der MRCA-Untersuchungen vortragen zu lassen. Die Präsentation der Flugzeugparameter geriet zum Offenbarungseid. Der bis vor kurzem noch optimistische Krüger musste feststellen: *„Zur Überraschung [des] InspLw wurde ersichtlich, dass durch den Beitritt UK und die Erhöhung der Anforderung durch Kanada die ursprünglich niedrigeren Forderungen an NKF erheblich erhöht sind. Folge: größeres Flugzeug (ca. 50.000 lbs TOW [Abfluggewicht] gegenüber 35.000 lbs für NKF); Bewaffnung und Avionik sehr viel anspruchsvoller; damit erhebliche Preissteigerung erwartet (ca. 60-80 %). O[berst] Limberg widersprach dieser Darstellung und glaubt an Fehlinterpretation. Klärung erforderlich."*[187] Steinhoff sah sich unmittelbar zur Intervention gezwungen. Gesucht würde ein simples Muster mit guter Manövrierbarkeit für den konventionellen Einsatz am und über dem Heer mit Kurzstart- und Landefähigkeit, um die Verbände rasch dislozieren zu können. Das Flugzeug dürfe kein *„technisches Monster werden"*, für so etwas fehle das Geld.[188]

Ob es sich tatsächlich um ein Missverständnis handelte, ist aus den einsehbaren Akten nicht zu rekonstruieren. Dafür spräche, dass das vorgestellte Flugzeuggewicht in dem Bereich lag, der zuvor von Wehrtechniker Trienes für die pauschale Erfüllung <u>aller</u> militärischen Forderungen prognostiziert worden war. Dagegen steht der Bericht

---

[185] BArch, BW 1/181399, Brief MdB Dr. Zimmermann an Sts von Hase vom 30.9.1968, S. 1.
[186] BArch, BL 1/18763, Kurzinformation Fü L I (BG Krüger) zur 1. Sitzung SteerCo vom 12.8.1968, S. 1.
[187] BArch, BL 1/18763, Notiz Fü L I über Reise nach München vom 17.8.1968, S. 1.
[188] BArch, BL 1/18763, „Auszug aus Tgb. (Adj) InspLw", Anlage zur Weisung von BG Krüger vom 24.8.1968.

Oberst Limbergs vom Juli 1968, der explizit auf die Notwendigkeit zu Kompromissen bei der Simplizität hingewiesen hatte, sowie die zumindest grundsätzliche Kompatibilität einer Komplexitätssteigerung mit den konzeptionellen Vorstellungen im federführenden Referat Fü L I 4. Die Vermutung liegt nahe, dass Limberg als Leiter der JWG Zugeständnisse bei der MRCA-Auslegung gemacht hatte, um dem politischen Auftrag der internationalen Zusammenarbeit gerecht zu werden, während die damit einhergehende Komplexitätssteigerung für Fü L I 4 nicht nur hinnehmbar, sondern in Teilen sogar militärisch wünschenswert gewesen sein könnte. Für diese Kombination spricht die unmittelbare Weisung Krügers an Limberg, *„das gemeinsame Flugzeug wieder auf den Zuschnitt NKF hinzubringen"*, während Fü L I 4 damit beauftragt wurde, *„die nationalen Forderungen neu zu formulieren."*[189]

Sollte in den Folgetagen der Versuch einer Klärung erfolgt sein, so schien sie Steinhoff nicht überzeugt zu haben. Am 30. August teilte er dem britischen Luftwaffeninspekteur Sir John Grandy seine Sorge mit, sich durch britische Zusatzforderungen bei der Reichweite und Geschwindigkeit sowohl aus finanzieller als auch konzeptioneller Sicht zu sehr vom ursprünglichen Flugzeugentwurf entfernt zu haben.[190] Grandy antworte anderthalb Wochen später, er sähe vielmehr die Forderungen nach Manövrierbarkeit und Kurzstartfähigkeit als Kostentreiber. Den eigentlichen Ursprung hätte der Dissens allerdings in den unterschiedlichen *„operational philosophies"* von RAF und Luftwaffe, die es daher schnellstmöglich anzugleichen gälte.[191]

Mit seiner Einschätzung hatte Grandy den Nagel auf den Kopf getroffen. Hinter den „unterschiedlichen Philosophien" verbargen sich schlichtweg zwei unterschiedliche militärische Bedarfe. Auf der einen Seite stand Steinhoff mit seinem „wirtschaftlichen" Flugzeug für den Einsatz am und über dem Heer (Close Air Support und Air Superiority), auf der anderen Seite die RAF mit ihrem komplexen Flugzeug für den (nuklearen) Einsatz in der operativen Tiefe („Interdiction/Strike"). Wie schon bei der Industrie- und Behördenorganisation war man davon ausgegangen, Großbritannien die eigenen Vorstellungen aufoktroyieren zu können. Allein durch die Binnenkonstellation im Führungsstab war bis dato nicht aufgefallen, wie weit man damit von der Realität entfernt war. Die Hoffnung, dass politisch und wirtschaftlich spannungsgeladene Projekt durch einen harmonischen militärischen Pol stabilisieren zu können, hatte sich damit zerschlagen.

---

[189] BArch, BL 1/18763, Weisung Fü L I (BG Krüger) an Leiter JWG vom 24.8.1968.
[190] BArch, BL 1/7493, Brief InspLw an Air Chief Marshal Sir John Grandy vom 30.8.1968.
[191] BArch, BL 1/18763, Brief Air Chief Marshal Sir John Grandy an InspLw vom 9.9.1968.

6. Oktober: Die Phase der politischen Eskalation

a) Präludium – Der Weg zum „Basisflugzeug"

Das Ausmaß der Spannungen im MRCA-Programm ließ sich ab Oktober 1968 kaum noch verdecken. Erschwerend kam hinzu, dass Hauptabteilungsleiter Schiffers, der als Brandmauer zwischen Arbeitsebene und Hausleitung fungierte, bis auf weiteres durch den Abteilungsleiter Wehrwirtschaft, Dr. Hans-Günter Bode, vertreten wurde. Bodes Abteilung W und Wahls Wehrtechniker waren durchaus heterogene Institutionen.[192] Nichtsdestotrotz ist davon auszugehen, dass auch Bodes Perspektive durch den Rüster-Wunsch nach einem Programm geprägt war, das sowohl technisch als auch organisatorisch aus Deutschland heraus gestaltet wurde und dessen Internationalisierung daher maximal ein notwendiges Übel darstellten konnte. Eine Bereitschaft, die politisch bedeutsame Zusammenarbeit mit Großbritannien in Berichten an die Hausleitung zu schonen, war von ihm daher nicht zu erwarten.

Als Bode am 4. Oktober gegenüber Minister Schröder und Staatssekretär von Hase zum Programm Stellung nahm, fiel das mit Inspekteur Steinhoff abgestimmte Urteil nüchtern aus. In Großbritannien schiene *„das politische und industrielle Interesse an dem Projekt zu überwiegen. Die große Hartnäckigkeit, mit der das eigene industrielle und militärische Konzept verfochten wird, lässt auf die Absicht schließen, das mit Frankreich gemeinsam begonnene, aber gescheiterte VG-Projekt mit anderen Partnern fortzusetzen."*[193]

Die durch Bode attestierte wirtschaftliche und militärische Inkompatibilität setzte sich in der Diskussion um die militärische Auslegung fort. Hier waren durch die Partnernationen inzwischen ganze 16 (!) unterschiedliche Entwürfe eingereicht worden, die verschiedene Flügel-, Triebwerks- und Besatzungsauslegungen miteinander kombiniert hatten. Die Konzepte wiesen Abfluggewichte zwischen 26.700 und 38.000 lbs auf, hatten aber Stückkosten in der Spanne von 11,4 bis 14,1 Millionen DM ergeben. Damit waren zwar Kombinationen innerhalb des deutschen Gewichtslimits von 35.000 lbs verfügbar, die Preisgrenze von maximal 9 Mio. DM pro Flugzeug war aber selbst beim günstigsten Entwurf um über 25% überschritten worden. In der Konsequenz sei, so Bode und Steinhoff, keines der Modelle für alle Partner annehmbar gewesen. in die engere Wahl seien sechs Varianten gelangt, bei denen es sich ausschließlich um Zwei-sitzer (!) handelte. Die Luftwaffe hätte ihrerseits selbst gegen das für sie akzeptable Muster Vorbehalte, da dieses *„erheblich von dem ursprünglichen NKF-Konzept abweicht."*[194]

Laut Bode erschiene es daher *„erforderlich, Klarheit hinsichtlich folgender Fragestellungen zu gewinnen: 1. Überwiegen bei diesem Projekt die politischen Aspekte, insbesondere im Hinblick auf bestimmte Kombinationen oder hat die Deckung des militärischen Bedarfs durch adäquate Modelle den Vorrang? 2. Wie hoch ist das Risiko zu bewerten, wenn unter vorwiegend politischen Aspekten von*

---

[192] Für die durchscheinenden Konflikte siehe exemplarisch Fußnote 144 dieser Arbeit.
[193] BArch, BL 1/18763, Ministervorlage HAL II (bzw. AL W) betr. MRCA 75 vom 4.10.1968, S. 2f.
[194] Ebd., S. 4f.

den Partnern ein Modell gewählt wird, das letztendlich keinen der Bedarfsträger befriedigt?" Bode machte zudem klar, dass solche militärischen Zugeständnisse auch die wirtschaftlichen Programmziele gefährdeten. Das Konzept des Flugzeuges bestimme *„die Rolle und das Ausmaß der industriellen Beteiligung an dem Projekt"*, wobei das Vorhaben *„für die deutsche Luftfahrt-(Zellen)Industrie die für lange Zeit einzige Chance bedeutet, ihre Fähigkeiten unter Beweis zu stellen, ein modernes Kampfflugzeug in Zusammenarbeit mit anderen von der Entwicklung bis zur Serie durchzuziehen[.]"[195]* Bodes Bericht ließ damit klar die unmittelbare Sorge des Führungsstabes und der Rüster deutlich werden, der Dominanz des politischen Pols zum Opfer zu fallen.

Die Situation konnte am 9. Oktober auf Ebene der internationalen Air Chiefs entschärft werden, die sich auf ein gemeinsames „Basisflugzeug" zu einigen konnten, dass den deutschen NKF-Vorstellungen sehr nahekam. Es war als avionisch simpler Einsitzer ausgelegt, aus dem eine technisch komplexere zweisitzige Version größerer Reichweite für die britischen Bedarfe abgeleitet werden sollte.[196]

b) „Enttäuschung, Unlust, Weigerung" – Die Frage der Industrieorganisation eskaliert

Durch das Scheitern der Industrieverhandlungen war die Frage der Industrieorganisation Anfang Oktober 1968 nach wie vor offen. Auf Ebene des Steering Committees waren daher zentrale Prämissen erarbeitet worden, auf deren Grundlage die Unternehmen wieder ins Gespräch kommen sollten. In *„langen und harten Diskussionen"* war es der deutschen Delegation dabei gelungen, auch die Joint Company als zentrale Managementinstanz in München als Teil des Kanons für die weiteren Industrieverhandlungen festschreiben zu lassen. Dieser Durchbruch, so prognostizierte Wehrtechniker Trienes, hätte jedoch wenig Aussicht auf Bestand und würde sicherlich schon bald eine britische Intervention von höherer Stelle nach sich ziehen.[197] Der industriepolitische Konflikt um die Systemführung war schlichtweg zu tiefgreifend, um durch das SteerCo beigelegt oder entschieden werden zu können.

Der unter immer größerem Zeitdruck stehende Steinhoff drängte derweil weiter auf rasche Verhandlungsfortschritte, schien die Grundsätzlichkeit des Dissens mit Großbritannien dabei allerdings nach wie vor nicht anerkennen zu wollen oder zu können. In seinem Bericht an Minister Schröder ging der Inspekteur davon aus, das Gesamt-MoU bis Mitte November 1968 unterzeichnen zu können. Die Briten wären dafür mit dem Stellvertreterposten für den von den Niederländern zu stellenden SPO-Leiters

---

[195] BArch, BL 1/18763, Ministervorlage HAL II (bzw. AL W) betr. MRCA 75 vom 4.10.1968, S. 7.

[196] BArch, BL 1/18763, Protokoll Fü L I 2 zu NKF-Kolloquium vom 14.10.1968, S. 1f. sowie BArch, BW 1/181399, Ministervorlage Fü L I (BG Krüger) betr. MRCA 75 vom 10.10.1968.

[197] BArch, BL 1/18763, Kurzinformation SBWS-NKF/T IV 2 zu Sachstand MRCA-Programm vom 7.10.1968.

und der Stelle des System Engineering Chefs der Joint Company in München (!) abzufinden. Deren General Manager sollte wiederum ein Deutscher sein.[198] Damit wäre Großbritannien sowohl in der Behörden- als auch der Industrieorganisation lediglich eine zweitrangige Rolle zugekommen. Als Kompensation dafür hätte ein Brite in München das System Engineering einer deutschgeführten internationalen Firma leiten dürfen. Aus der deutschen Perspektive eines durch die Bundesrepublik geführten internationalen Programms lässt sich dieses Angebot durchaus als ernsthaftes Zugeständnis verstehen. Für die Briten konnte es indes nur wie Hybris wirken.

Steinhoff war mit dem Glauben an einen solchen Kompromiss aber keinesfalls allein. Anlässlich des Treffens der Nuklearen Planungsgruppe[199] der NATO am 10. und 11. Oktober in Bonn war ein deutsch-britisches Ministergespräch angesetzt. Abteilungsleiter Bode rechnete mit Vorstößen Healeys zur Frage der Industrieorganisation und „munitionierte" seinen Minister entsprechend auf. Es galt, die Ziele der Rüster durch geschickte Argumentation gegen weitere politische Übergriffe abzuschirmen. Dazu unterstrich der AL W das Ausmaß des Zugeständnisses hinter dem Angebot einer britischen Leitung des System Engineering in München. Damit sei der Kompromissspielraum allerdings auch bis zum Äußersten ausgereizt. Es müsse bedacht werden, dass eine „*Verlagerung des Schwerpunktes dieses Projekts nach England oder ins Ausland überhaupt (...) zu einer innenpolitischen Belastung des Projekts führen"* würde. Für ein solches Entgegenkommen gebe es aber tatsächlich gar keinen reellen Grund, denn die Verhandlungsposition der Briten sei „*insgesamt ziemlich schwach"*, die Zusammenarbeit mit Frankreich jüngst gescheitert und keine anderen Partner in Sicht. Daher hänge es „*weitgehend von der Bundesrepublik Deutschland ab, welches Modell und welche Industrie-Organisation für das Projekt letztendlich durchgesetzt wird."*[200]

Sollte Bode tatsächlich gehofft haben, Minister Schröder würde sich britischen Gesuchen zur Übernahme der industriellen Führungsrolle aktiv entgegenstellen, so wurde er enttäuscht. Als Healey im Gespräch mit Schröder am 10. Oktober tatsächlich anführte, er fürchte um die Zukunft des Programms, wenn der britischen Industrie als einzige, die im Kreise der Partner zur Leitung eines solchen Projektes in der Lage wäre, das Vorhaben nicht auch führen dürfte, rettete sich Schröder in die Floskel, „*dass ein Erfolg für die rüstungswirtschaftliche Zusammenarbeit, die Luftstreitkräfte und für den politischen Zusammenhalt in Europa nur zu erzielen sei, wenn es zu einem vernünftigen Kompromiss komme."*

---

[198] Ebd., S. 4.

[199] Hier war vom britisch-deutschen Dualismus, der das Projekt erschütterte, nichts zu spüren. Healey und Schröder wurden mandatiert, „*bis etwa März 1969 einen gemeinsamen Entwurf von vorläufigen Einsatzrichtlinien für den taktischen Ersteinsatz nuklearer Waffen vorzulegen"*. Für diesen „selektiven Einsatz" würde das MRCA später interessanterweise vorzüglich geeignet sein; BArch, BW 1/583817 Bericht Fü S III 3 zur Tagung der NPG am 10. u. 11.10.1968 vom 5.11.1968, S. 3f.

[200] BArch, BW 1/181399, Ministervorlage AL W anl. Gespräch mit Minister Healey vom 8.10.1968, S. 4-6.

Für alles weitere schob Schröder Staatssekretär von Hase vor, den er *„gebeten habe, sich intensiv um das NKF-Projekt zu kümmern"* und mit dem Healey ein Gespräch führen sollte, *„um alle ihn bedrückenden Sorgen hier bekannt zu machen."*[201] Letzterer hatte tatsächlich bereits am Vortag mit dem britischen Deputy Under Secretary Sir Frank Cooper konferiert, wobei beide lediglich ihre Motive und das Verständnis für die Position des jeweils anderen zum Ausdruck gebracht hatten.[202]

Während Minister Schröder dem Konflikt mit Großbritannien rasch ausgewichen war und sein designierter Verhandlungsführer von Hase einer Konfrontation scheinbar ebenso wenig abgewinnen konnte, scherte man sich auf industrieller Ebene wenig um diplomatische Bandagen. Bereits am 9. Oktober hatte BAC die Teilnahme am nächsten Industrietreffen in Turin abgesagt. Am Folgetag informierte Handel Davies vom britischen Technologieministerium Brigadegeneral Krüger, man habe seit der letzten SteerCo-Sitzung Anfang des Monats *„den Eindruck, dass Deutschland und Messerschmidt/Bölkow [sic!] (zusammen mit den anderen Industrien) keine Kompromissbereitschaft in Richtung auf britische Wünsche zeigt. Daraus erwuchs Enttäuschung, Unlust und Weigerung, noch weiter teilzunehmen."*[203]

Trienes' Prophezeiung hatte sich bewahrheitet. Der wirtschaftliche Teil des Programms stand damit lichterloh in Flammen, ohne dass sich eine politische Lösung abgezeichnet hätte. Einzig die Aussicht auf die *„feasibility study"*, in deren Rahmen ein *„Joint Engineering Team"* der Partnerindustrien die Forderungen der Luftwaffen an ihr gemeinsames *„Basisflugzeug"* untersuchen sollte,[204] hielt das Programm industriell jetzt noch zusammen. Um die Durchführbarkeitsstudie so schnell wie möglich angehen zu können, sollte Brigadegeneral Krüger daher umgehend zu Regierungsgesprächen nach London reisen, um die letzten Vorbereitungen für die Beauftragung der Arbeiten in die Wege zu leiten.[205]

c) Alles offen?
Der Bruch von London und seine politischen Konsequenzen

Krügers London-Besuch vom 15. Oktober sollte indes zur reinsten Offenbarung verkommen. Handel Davies vom britischen Technologieministerium habe ihm – so der Brigadegeneral später in seinem Bericht – eröffnet, dass man *„[n]ach Besuch Minister*

---

[201] BArch, BW 1/181399, Auszug Pers. Ref. d. Min. aus Vieraugenprotokoll Schröder/Healey vom 10.10.1968.

[202] BArch, BW 1/181399, Protokoll Pers. Ref. d. Sts des Gesprächs von Hase/Cooper vom 10.10.1968.

[203] BArch, BW 1/181399, 2. Ergänzung zur Ministervorlage Fü L I (BG Krüger) MRCA 75 betr. Industrieverhandlungen vom 10.10.1968

[204] BArch, BW 1/181399, Ministervorlage Fü L I (BG Krüger) betr. MRCA 75 vom 10.10.1968.

[205] BArch, BL 1/7482, Protokoll Fü L I (SBWS-NKF) über AL-Sitzung mit Sts von Hase vom 14.10.1968.

Healey erwartet (…), dass deutsche Industrie (…) angewiesen wird, der vom BAC [sic!] geforderten Lösung zuzustimmen und auf Kompromissvorschläge einzugehen. (…) System Engineering nicht in München [,] sondern entweder a) ständig in England oder b) 9 Monate in England dann Umzug oder c) 6 Monate dann München. "Gleichzeitig hätte sich gezeigt, dass *„die militärischen Forderungen anscheinend weiter auseinandergehen als am 9. Oktober [Air Chief Meeting] sichtbar wurde und nun nachträglich von UK verbessert werden sollten zugunsten UK.* "[206]

Als Staatssekretär von Hase am Folgetag Bode, Wahl und Krüger zur Schadensbegutachtung versammelte, blieb nur, das verheerende Ausmaß des inzwischen aufgelaufenen Dissens festzustellen. Mit der Forderung Großbritanniens, die Untersuchung des „Basisflugzeugs" im Rahmen der „feasiblity study" auf den komplexeren Zweisitzer zu konzentrieren, hatte sich die Aussicht auf eine Konvergenz bei den militärischen Vorstellungen nach nicht mal einer Woche wieder zerschlagen. Auch in der Frage der Industrieorganisation schien keinerlei Annäherung erkennbar. Mehr noch, die britische Seite war bereit gewesen, für die Durchsetzung der eigenen Vorstellungen bis auf Ministerebene zu eskalieren. Schröders Versuch, sich dem konfrontativen Charakter seiner Aussprache mit Healey zu entziehen, war gescheitert. Sein rhetorisches Ausweichmanöver war stattdessen als Bereitschaft gedeutet worden, die deutsche Industrie zum Einlenken zu bewegen – auch wenn Staatssekretär von Hase gegenüber Bode, Wahl und Krüger klarstellte *„dass der Herr Minister keinerlei Zusagen dieser Art gemacht habe[.]* "[207]

Wie fundamental gegensätzlich Healey Schröders Verhalten gedeutet hatte, machte er noch am Folgetag der Londoner Besprechung in einem Schreiben an seinen deutschen Amtskollegen deutlich. Er sei *„ermutigt durch unsere gründlichen und freimütigen Gespräche über das Kampfflugzeug"* aus Bonn zurückgekehrt, nur um von Berichten *„über die völlig unbewegliche Position (…), die von Ihrer Delegation gestern in London eingenommen wurde"* Kenntnis zu erhalten. Er hätte sich im Konsens über die Notwendigkeit zu *„vernünftigen Kompromissen"* gewähnt, zumal man sich auf britischer Seite bereit erklärt habe *„dabei zu helfen, die Stärke und den technischen Wissensstand Ihrer [der deutschen] Industrie auszubauen."* Der Minister glaube, *„dass jetzt das Stadium erreicht ist, im dem wir auf Regierungsebene entscheiden müssen, was zu geschehen hat, um unseren Firmen dann entsprechende Anweisungen zu geben"* und bat Schröder daher *„in letzter Minute noch einmal eine Bestandsaufnahme der Ihren Unterhändlern erteilten Anweisungen vor[zu]nehmen. Es wäre eine Tragödie für alles, für das wir gemeinsam einstehen, wenn dieses Projekt jetzt scheiterte.* "[208]

Mit dem Schreiben hatte Healey nicht nur Vorstellungen über das Kompetenz- und Machtgefälle innerhalb des Programms zum Ausdruck gebracht, sondern auch die Leitung des BMVtg zur Anerkennung der deutsch-britischen Konfrontation

[206] BArch, BW 1/181399, Kurzbericht Fü L I (BG Krüger) über die Besprechung in London vom 17.10.1968.

[207] BArch, BW 1/181399, Notiz MinBüro (ORR Weber) zur StS-Besprechung mit AL W, T und UAL Fü L I (BG Krüger) am 16.10.1968 vom 17.10.1968, S. 1f.

[208] BArch, BW 1/181399, Schreiben Min. Healey an Min. Schröder, übergeben als Übersetzung aus dem Englischen durch die britische Botschaft in Bonn am 16.10.1968.

gezwungen. Die ausweichende Haltung Schröders war als Konzession interpretiert worden. Sollte dieser Eindruck nicht wieder entstehen, würde das BMVtg sich dem Konflikt stellen müssen. Die Gelegenheit dazu sollte sich schon schnell bieten, denn Healey hatte in seinem Schreiben angekündigt, Sir Cooper zu Gesprächen nach Bonn zu entsenden.

So diente die Besprechung von Hases am Folgetag der Londoner Eskalation nicht nur zur Lagefeststellung, sondern auch der Vorbereitung des britischen Besuchs, der für den 18. Oktober vorgesehen war. Bezeichnenderweise galt von Hases Interesse dabei anscheinend primär der Frage, *„in welchem Bereich (militärische Forderungen oder Industriebereich) aus deutscher Sicht Kompromissmöglichkeiten bestehen[.]"* Bode, Wahl und Krüger, die ihrerseits bereits mehrfach und mitunter sogar explizit über die politische Aufopferung ihrer militärischen und wirtschaftlichen Ziele geklagt hatten, zeigten sich daraufhin allerdings weder Willens noch in der Lage, dem Staatssekretär weitere Kompromissspielräume anzubieten. Abteilungsleiter Bode sprach noch im Termin mit von Hase selbst seine *„Befürchtung aus, dass es spätestens in der System-Definitions-Phase (…) zu einem Bruch mit dem UK kommen werde. Langfristig betrachtet liege das größere Risiko in einem Zusammengehen mit dem UK."*[209] Für den militärischen Bereich machte Brigadegeneral Krüger am Folgetag im Sprechzettel für den Staatssekretär deutlich, dass das *„Flugzeug englischer Vorstellung (…) mit dem Flugzeug NKF nach deutscher Vorstellung und dem Flugzeug nach den OEO's (5 Nationen ohne UK) nicht vereinbar"* sei.[210] Zudem, so ergänzte der Brigadegeneral am Tage des Meetings, hätte BAC die Teilnahme an der nächsten Runde der Industriegespräche in Amsterdam abgesagt und wäre nur zur Wiederaufnahme von Gesprächen bereit, *„wenn die Regierungen die Industrien angewiesen haben, den britischen Vorschlägen (BAC) entgegenzukommen."*[211]

Dafür sah der Staatssekretär selbst inzwischen aber kaum noch eine Möglichkeit. Als er am Tage des Treffens mit Sir Cook noch rasch mit Vertretern des Wirtschaftsministeriums und seinem „MRCA-Triumvirat" bestehend aus den Abteilungsleitern Bode und Wahl sowie Brigadegeneral Krüger konferierte, kam er zu der Einschätzung, dass die Verlegung des System Engineerings in das Vereinigte Königreich *„politisch nicht vertretbar"* sei. Die Frage, ob in diesem Bereich noch anderweitige Kompromissmöglichkeiten bestünden, wurde von Bode, Krüger, Wahl und den Vertretern des BMWi einhellig verneint.[212] Von Hase würde die Friktionen im Spannungsfeld von „Politik, Wirtschaft und Militär" damit nicht durch wirtschaftliche oder militärische Konzessionen abbauen können.

---

[209] BArch, BW 1/181399, Notiz MinBüro (ORR Dr. Weber) zur StS-Besprechung mit AL W, T und UAL Fü L I (BG Krüger) am 16.10.1968 vom 17.10.1968.

[210] BArch, BW 1/181399, Sprechzettel Fü L I/4 (BG Krüger, OTL Birkenbeil) zum Sachstand „Militärische Forderungen" an das NKF/MRCA vom 17.10.1968, insb. S. 3.

[211] BArch, BW 1/181399, Vortragsnotiz Fü L I (BG Krüger) über Absage BAC vom 18.10.1968.

[212] BArch, BW 1/181399, Notiz MinBüro (ORR Dr. Weber) zur internen Vorbesprechung des Besuchs von Sir Cook mit AL W, T, BG Krüger sowie MinDir Giel und MR Reichert (BMWi) vom 18.10.1968.

d) „Wenig Hoffnung" –
Das Scheitern des ersten politischen Vermittlungsversuchs

So stand der Staatssekretär mit dem Rücken zur Wand, als er Sir Cook am Morgen des 18. Oktober morgens zum Vorgespräch empfing. Begleitet wurde er von Abteilungsleiter Bode, auf britischer Seite sekundierte der oberste Luftfahrt-Beschaffer des Ministry of Technology, Air Marshal Sir Christopher Hartley.

Von Hase brachte rasch seine Sorgen über die abweichenden militärischen Forderungen zum Ausdruck und äußerte die Befürchtung, das Programm würde sich in Richtung zweier unterschiedlicher Flugzeuge entwickeln. Würde sich hier kein zumindest rudimentäres Einvernehmen herstellen lassen, wäre die verquere Frage der Industrieorganisation ohnehin gegenstandslos. Ob München oder das englische Warton besser für das System Engineering geeignet wären, sei vor diesem Hintergrund eine *„Detailfrage"*, die es doch vielleicht eher in der Folgebesprechung zu vertiefen gelte.[213] Die britische Haltung entsprach indes dem genauen Gegenteil der gerade vorgebrachten deutschen Prioritäten. Für die Frage der unterschiedlichen militärischen Vorstellungen sehe Cook *„keine echten Schwierigkeiten"*. Die britische Lösung dafür sei simpel. Es könnten tatsächlich zwei Flugzeuge entwickelt werden, wobei *„90% oder mehr Gemeinsamkeit zwischen den beiden Modellen vorhanden sein"* würde. Der Prototyp des Einsitzers könnte dann in Deutschland, der des Zweisitzers in Großbritannien gebaut werden. Dafür sei es aber zwingend notwendig, dass die dadurch noch anspruchsvollere Aufgabe des System Engineering zumindest in seiner kritischen Anfangsphase unter Abstützung auf die Erfahrungen der britischen Industrie durchgeführt würde. Das kritische Know-how der BAC könne nicht einfach herausgerissen und in München neu verpflanzt werden. Das Internationale Engineering-Team sollte daher nach Warton verlegt werden. Damit sei die Industrieorganisation *„keine Detailfrage, sondern eine Grundsatzfrage"*. Vorbehalte von Hases, *„ob man tatsächlich die 90% Gemeinsamkeit erreichen könnte, und ob die Einsitzerversion nicht über Gebühr durch Konzessionen belastet werde, die man für den Zweisitzer machen müsse"*, wurden von Cook und Hartley abgetan. Dieser Fall könne *„praktisch nicht auftreten (…), da ein internationales Team vorgesehen sei, das von der gemeinsamen Gesellschaft kontrolliert werde, und kein britisches Team."*[214] Beide Seiten konnten sich offensichtlich des Verdachtes nicht erwehren, die eigene Konzeption des Flugzeuges würde durch die jeweils andere Industrie vernachlässigt werden, sobald die Arbeiten in den dortigen Anlagen durchgeführt würden.

Von Hase ließ indes nichts unversucht, um doch noch Verhandlungsspielräume aufzutun. Ob die Briten nicht auf den Zweisitzer verzichten könnten oder eine Zusammenarbeit auch dann noch denkbar wäre, wenn *„man sich über die Frage des System Engineering nicht einigen könne"*? Wenig überraschend war man hier auch auf britischer Seite nicht

---

[213] BArch, BW 1/181399, Aufzeichnung über das Vorgespräch von Hase/Cook am 18.10.1968, S. 1-4.

[214] BArch, BW 1/181399, Aufzeichnung über das Vorgespräch von Hase/Cook am 18.10.1968, S. 1-6.

zu Konzessionen in der Lage. Cook machte stattdessen deutlich, dass er in der Frage der Industrieorganisation keinen Aufschub mehr akzeptieren könnte. Von Hase hingegen sah sich gezwungen klarzustellen, dass die deutsche Seite durch die Abgabe des Führungsanspruches an eine Joint Company bereits das Äußerste der politisch vermittelbaren Zugeständnisse ausgereizt hätte. Nach über einer Stunde Gespräch blieb beiden damit nur die wechselseitige Betonung der politischen Bedeutung des Projektes.[215]

Auch das anschließende Arbeitsgespräch des deutschen „MRCA-Triumvirates" mit Cook und den Herren Hartley und Davies vom britischen Technologieministerium brachte keine nennenswerten Fortschritte. Einzig über die Notwendigkeit, die „feasibility study" rasch anzugehen, um so zu einer Einschätzung über den tatsächlich möglichen Grad der Gemeinsamkeit zwischen den beiden Entwurfsvorstellungen zu kommen, herrschte Konsens. Die Frage danach, wo die Studie durchzuführen sei, wurde in Ermangelung einer Einigung an die zerstrittene Industrie zurückdelegiert, wobei es für die Teilnehmer denkbar schien, die Arbeiten zwischen Warton und München aufzuteilen. Damit war eine Lösung präjudiziert worden, die auf einen Vorschlag Abteilungsleiter Wahls hinauslief. Dieser sah zwei System Engineering Abteilungen vor, die sich lediglich abstimmen sollten. Man war „sich jedoch einig, dass dies nur eine Minimum-Lösung sei, um überhaupt zu einer Zusammenarbeit zu kommen."[216]

Entsprechend resigniert fielen die Meldungen der Verhandlungsführer beim Abschlussgespräch mit Staatssekretär von Hase aus. Cook urteilte, „es seien keine Fortschritte erzielt worden; er sähe auch keine Möglichkeit, weiterzukommen." Abteilungsleiter Bode, der die Arbeitsgespräche auf deutscher Seite geleitet hatte, stellte fest, dass „[w]eder die britischen noch die deutschen Gesprächsteilnehmer (...) sich in der Lage [sähen], die verschiedenen Standpunkte einander anzunähern." Diese Einsicht drohte den immer knapperen Terminplan des Vorhabens zu gefährden. Für den 22. Oktober war bereits die nächste Runde der Industriegespräche avisiert worden, am Folgetag sollte das Steering Committee tagen. Wollte man in der vitalen Frage der Industrieorganisation nicht mit gänzlich leeren Händen dastehen, mussten die Industriellen zu einer zumindest symbolischen Annäherung bewegt werden. Ein erneutes Fernbleiben der BAC hätte das Programm derweil politisch erheblich diskreditiert. Unter der Prämisse eines britisch-deutschen Folgegespräches auf Regierungsebene gelang es von Hase zwar, dem skeptischen Sir Cook die Zusage abzuringen, mit der BAC zu sprechen, dieser hatte dabei allerdings „wenig Hoffnung, dass es zu einem Kompromiss der Industrie komme[.]"[217]

---

215 Ebd., S. 6.

216 BArch, BW 1/181399, Notiz MinBüro (ORR Dr. Weber) zur Abschlussbesprechung von Hase/Cook vom 19.10.1968, S. 2f. Für die Arbeitsbesprechung siehe BArch, BL 1/7486, Kurzvermerk ZRü (MinR Dr. Seydel) zur deutsch-britischen Besprechung am 18.10.1968 vom 21.10.1968.

217 BArch, BW 1/181399, Notiz MinBüro (ORR Dr. Weber) zur Abschlussbesprechung von Hase/Cook vom 19.10.1968, S. 3f.

Die Gespräche des 18. Oktober hatten Staatssekretär von Hase in eine prekäre Lage gebracht. Das ihm durch Minister Schröder anvertraute politische Projekt drohte an den inhärenten industriellen und militärischen Zielkonflikten zu zerbrechen. Nachdem der Versuch, die sich zuspitzende Konfrontation durch deutsche Zugeständnisse aufzulösen, am Widerstand des Führungsstabes, der Rüster, des BMWi und der absehbaren parlamentarischen Intervention gescheitert war, hatten sich nun auch die Briten als unnachgiebig erwiesen. Die Flucht in immer neue Gespräche bar jeder inhaltlichen Bewegung konnte nicht länger über den Umstand hinwegtäuschen, dass Großbritannien und Deutschland Interessen verfolgten, die industriell zu ähnlich und militärisch zu unterschiedlich waren, um tatsächlich zu einem gemeinsamen Kampfflugzeugprojekt zu kommen. Um aus der Logik des Nullsummenspiels auszubrechen, blieb nur noch, die Grenzen des Programms zu erweitern. Was, wenn jeder sein eigenes Flugzeug und seine eigene Systemführerschaft bekäme? Mit dem britischen Vorschlag zweier Muster, die nur ähnlich, aber nicht mehr gleich wären, war bereits ein erster gedanklicher Schritt in diese Richtung gegangen, mit der Aufteilung der Studienarbeiten auf Warton und München auch für die industrielle Seite eine vergleichbare Entkoppelung ins Spiel gebracht. Der politische Wunsch nach einer Kooperation schien nur noch dadurch umsetzbar, die ursprüngliche Prämisse eines militärischen und industriellen Gemeinschaftsprojektes bis an ihre semantische Grenze auszuhöhlen.

e) Aus eins mach zwei –
Der politische Ausweg des „Communality Programms"

Am 21. Oktober kam Staatssekretär von Hase verabredungsgemäß mit zwei Vertretern Messerschmitt-Bölkows zusammen, um das Vorgespräch für die am 22. Oktober in Amsterdam geplante nächste Runde der Industrieverhandlungen zu führen. Flankiert wurde er durch sein ministerielles „MRCA-Triumvirat" (Bode, Wahl, Krüger) zu dem nun auch der Inspekteur der Luftwaffe, Generalleutnant Johannes Steinhoff, gestoßen war. Das BMWi war mit Staatssekretär Klaus von Dohnanyi ebenfalls prominent vertreten.[218]

Die Debatte offenbarte rasch eine klare Frontlinie. Industrie, Rüster und Luftwaffe waren sich einig, keine weiteren Kompromisse gegenüber Großbritannien vertreten zu können. Das System Engineering, das nach Aussagen der Industriellen 80% der absehbar zu leistenden Arbeiten umfassen würde, dorthin zu verlegen, würde das Programm industriell und konzeptionell einem starken britischen Übergewicht preisgeben. Dabei hätten – so hatte Steinhoff vorab klargestellt – die konzeptionellen Vorstellungen der Briten zur Auslegung des Flugzeugs bereits jetzt zu einer Verteuerung geführt, *„die für die deutsche Luftwaffe untragbar"* wäre. Im Gegenteil: würde das Vereinigte Königreich

---

[218] BArch, BW 1/181399, Notiz MinBüro (ORR Dr. Weber) über Sts-Gespräch mit den Herren Madelung und Forster (MeBö) sowie BMWi vom 23.10.1968, S. 1.

bei den militärischen Forderungen nicht einlenken, „*könne die Luftwaffe nicht mitmachen.*"[219]

Die beiden Staatssekretäre aus dem BMVtg und dem BMWi stellten indes die Notwendigkeit der Kooperation mit Großbritannien heraus. Von Hase wies „*auf die besondere politische, militärische und wirtschaftliche Bedeutung des NKF/MRCA-Programmes (…) hin*" und „*unterstrich das Interesse, das die deutsche Regierung an einer britischen Beteiligung haben müsse[.]*" Von Dohnanyi legte dar, dass die Zusammenarbeit mit dem Vereinigten Königreich absehbar die einzige Chance sei, dem Konkurrenzdruck aus den USA und der Sowjetunion eine europäische Lösung entgegenzusetzen, nachdem er eine Zusammenarbeit mit Frankreich im militärischen Bereich durch die unterschiedlichen militärischen Konzeptionen[220] wenig aussichtsreich wäre. Darum gelte es, so Dohnanyi, „*die Möglichkeit einer Zusammenarbeit im NKF-(und Airbus)-Programm zu nutzen und die britischen Erfahrungen im Flugzeugbau auszuschöpfen, ohne dass die Interessen der deutschen Industrie vernachlässigt werden. Hierbei sollte ein Kompromiss nicht nur im Bereich des Produktes, sondern auch im Management gefunden werden.*" Mehr noch: „*wenn die Zusammenarbeit mit dem UK beim NKF scheiterte, müsse befürchtet werden, dass das UK auch beim Airbus eigene Wege gehe.*" Das Vorhaben war industrie- und außenpolitisch „to big to fail" geworden. Entsprechend fiel auch von Hases Zusammenfassung in Richtung der beiden Industrievertreter aus. Man „*sähe bewusst davon ab, Weisungen zu geben, jedoch müsse die Tür zu einer Zusammenarbeit mit dem UK auf der Besprechung in Amsterdam offen bleiben.*" Der Staatssekretär „*wies die Industrievertreter nochmals darauf hin, dass dem BMVtg wie auch dem BMWi sehr daran liege, dass die deutsche Industrie die Verhandlungen am 22. Oktober 1968 so führe, dass es möglichst zu einer Einigung, auf keinen Fall zu einem Bruch mit BAC komme.*" Nachdem die Industrie so von ihren beiden größten Geldgebern auf an Subtilität kaum zu übertreffende Weise über deren „Wünsche" in Kenntnis gesetzt worden war, empfing auch die von Brigadegeneral Krüger geführte Delegation ihre Instruktionen für die kommende Sitzung des Steering Committees. Dabei „*solle so verhandelt werden, als ob auf Industrieseite Einigkeit erzielt werden könne, damit der Auftrag, die Feasibility-Study zu erarbeiten, erteilt werden könne.*"[221]

Damit hielten nur noch die politische Weigerung, die Möglichkeit eines Scheiterns des Projektes hinzunehmen, und die verzweifelte Hoffnung darauf, doch noch auf zumindest ausreichend <u>ähnliche</u> militärische Forderungen zu kommen, das Vorhaben zusammen.

Tatsächlich schien das Verzögerungskalkül jedoch aufzugehen. Die BAC nahm ihrer ursprünglichen Weigerung zum Trotz am Industrietreffen in Amsterdam Teil, wenn auch nur, um ihr „*letztes Angebot*" für eine Industrieorganisation vorzulegen.

---

[219] BArch, BW 1/181399, Notiz MinBüro (ORR Dr. Weber) über Sts-Gespräch mit den Herren Madelung und Forster (MeBö) sowie BMWi vom 23.10.1968, S. 2-5.

[220] Frankreich war 1966 aus den militärischen Strukturen der NATO ausgetreten.

[221] BArch, BW 1/181399, Notiz MinBüro (ORR Dr. Weber) über Sts-Gespräch mit den Herren Madelung und Forster (MeBö) sowie BMWi vom 23.10.1968, S. 1f. u. 7.

Dieses sah die Entwicklung zweier Flugzeuge vor, wobei der Prototyp der deutschen Version in Manching und der der britischen Version in Warton hätte gebaut werden sollen. Um die beiden Muster so ähnlich wie möglich zu halten, sollte das System Engineering in der kritischen Definitionsphase durch eine internationale Gruppe unter britischer Leitung im Vereinigten Königreich durchgeführt und danach zur Überwachung der Arbeiten nach München zurückverlegt werden.[222]

Wenig überraschend konnte insbesondere die deutsche Industrie diesem Vorschlag nicht zustimmen, der nach wie vor eine de facto britische Federführung für die Gestaltung des deutschen Flugzeugentwurfes bedeutet hätte. Dem Ultimatum der BAC zum Trotz kam es indes – wie vom BMVtg gewünscht – nicht zum Abbruch der Verhandlung. Vielmehr einigte man sich „*[i]n 16-stündigen Verhandlungen*" auf eine Formulierung, die das Fehlen einer Einigung in der Frage der Industrieorganisation festhielt, aber dennoch den Start der „feasibility study" ermöglichte. Dazu sollten zwei Studiengruppen in Warton und München mit Untersuchungen beginnen, die durch den vorläufigen Leiter des System Engineering der Joint Company, den britischen Ingenieur Ollie Heath,[223] in München zu einem gemeinsamen Abschlussbericht fusioniert werden würden.[224] Mit der Anerkennung der Joint Company und einer „gemeinsamen Studie" war es der Industrie weisungsgemäß gelungen, einen Deckmantel der augenscheinlichen Kooperation über ihren tiefen Zerwürfnissen auszubreiten.

Mit diesem auf deutscher Seite bewusst eingegangenen Scheinkompromiss war eine internationale Auftragnehmerseite für die „feasibility study" geschaffen worden, der das Steering Committee am Folgetag die behördliche Gegenorganisation als Auftraggeber entgegenstellen konnte. Zwar verweigerten die Briten – inzwischen durch die Italiener unterstützt – nach wie vor, die Wahl eines International Programm Managers, hatten aber zugestimmt, die bereits bestehende Joint Working Group als interimistische behördliche Auftraggeberorganisation einzusetzen. Abteilungsleiter Bode und Brigadegeneral Krüger sahen sich angesichts dieser Entwicklungen zu einer leicht positiven Einschätzung genötigt. Die Briten hätten ihre Fundamentalopposition gegen die Etablierung einer Behördenorganisation mit der Akzeptanz der JWG als Auftraggeber

---

222 BArch, BW 1/181399, Schreiben EWR/MeBö an HAL II, AL W, InpLw und AL T vom 30.10.1968, Blatt 3.

223 Ollie Heath hatte für English Electric an der Entwicklung der erfolgreichen Flugzeugmuster „CANBERRA" und „LIGHTNING" mitgewirkt. Als das Unternehmen in der BAC aufging, wurde Heath Teil des TSR2-Teams und übernahm später die Projektleitung. Selbes galt nach dem Abbruch des Vorhabens für das sich anschließende AFVG-Programm. Mit Heath, der die beiden „Schicksalsprogramme" der britischen Luftfahrtindustrie geführt hatte, entsandte BAC damit einen ihrer Spitzeningenieure. In ihm wird sowohl die konzeptionelle und technische Kontinuität der britischen Ansätze für das MRCA als auch dessen Gewicht für die dortige Luftfahrtindustrie deutlich. Für seinen Werdegang vgl. HEATH (1998), S. 81.

224 BArch, BW 1/181399, Schreiben EWR/MeBö an HAL II, AL W, InpLw und AL T vom 30.10.1968, BArch, Blatt 3.

„zunächst teilweise zurückgestellt", die „Industrie für die Regelung ihrer Zusammenarbeit eine gewisse Überlegungszeit erhalten[.]"[225]

Optimismus hatte das MRCA-Programm derweil dringend nötig. Der kleineren Fortschritte zum Trotz hatten die Kanadier ihr Ausscheiden aus dem Programm verkündet und öffentlich nicht nur Sparmaßnahmen im Verteidigungsbudget, sondern auch den *„unsicheren [A]usgang des [V]orhabens"* als Gründe angegeben.[226] Mehr noch, jenseits der Hausleitung war man sich im BMVtg des oberflächlichen Charakters der erreichten Einigungen durchaus bewusst. Die letzten Wochen ließen es dabei wahrscheinlich erscheinen, dass Minister Schröder oder Staatssekretär von Hase angesichts steigenden politischen Leidensdrucks dazu angetan wären, die Durchsetzung des militärischen Konzepts und des wirtschaftlich-organisatorischen Gestaltungsanspruchs so weit wie möglich zur Disposition zu stellen, um das Programm politisch nicht zu gefährden. Die mahnenden Töne aus Führungsstab und Rüstungsabteilungen sollten daher zunehmend in offene Opposition umschlagen.

---

[225] BArch, BW 1/181399, Niederschrift ZRü (MinR Dr. Seydel) über das BMVtg-Treffen mit der deutschen Luftfahrtindustrie am 25.10.1968 vom 28.10.1968, S. 2f. für das Zitat sowie Notiz MinBüro (ORR Dr. Weber) für Sts betr. Sachstand NKF vom 25.10.1968.

[226] BArch, BW 1/181399, Anlage „Fernschreiben zu Bericht im Figaro" zur Notiz MinBüro (ORR Dr. Weber) für Sts betr. Sachstand NKF vom 25.10.1968.

7. Oktober bis November: Das Programm vor dem Aus?

a) Zwischen Resignation und Rebellion –
Die interne Opposition gegen das MRCA

Nachdem die Verhandlungen des 18. Oktober lediglich erneut die Unvereinbarkeit der deutschen und britischen Vorstellungen feststellen konnten, hatte Brigadegeneral Krüger anlässlich der Vorbereitungen für die gemeinsame Besprechung mit der deutschen Industrie und dem BMWi bereits alle Zurückhaltung fahren lassen: *„Im militärischen Bereich erscheint es unmöglich, mit U.K. ein gleiches Flugzeug entwerfen und entwickeln zu können. Sogenannte hochprozentige Compatability [sic!] erscheint, da es sich um zwei Flugzeuge handelt, ausgeschlossen. Deshalb Trennung von U.K.“* Für den Industriebereich fiel die Analyse ebenso verheerend aus. Hier würden *„durch die Entsendung und Verlagerung der Design-Aufgabe in U.K. (…) die wesentlichen Ziele unerreichbar werden. Aus deutscher Sicht deshalb Trennung von U.K[.]“* Als Alternative plädierte Krüger für die Rückkehr der Konsortiallösung vor Zutritt der Briten, die durch Zukauf US-amerikanischer Technologie und Systemführungskompetenz am ehesten dazu angetan wäre, den drängenden Zeitlinien der Luftwaffe zu entsprechen. Eine rein deutsche Führung des Konsortialprojektes stufte er interessanterweise ob deren mangelnder Erfahrung als zu risikoreich ein. Mit dem abschließenden *„Gesamturteil: Von U.K. trennen“* hatte Krüger aber in jedem Falle sehr deutlich gemacht, wie sich ihm die Zweckmäßigkeit weiterer Verhandlungen mit Großbritannien darstellte.[227]

Nur ein bzw. zwei Tage nach der SteerCo-Sitzung und den Industrieverhandlungen in Amsterdam kamen deutsche Industrievertreter und die ministerielle MRCA-Mannschaft um Inspekteur Steinhoff, Abteilungsleiter Wahl, Brigadegeneral Krüger, Oberst Heinz Birkenbeil sowie dem stellvertretenden Systembeauftragten Trienes unter Vorsitz Abteilungsleiter Bodes zusammen, um die Entwicklung der Lage zu sondieren. Für den 28. Oktober war der nächste interne Termin mit dem Staatssekretär angesetzt, den die Versammelten im Rahmen einer gemeinsamen Analyse vorbereiten wollten.[228]

Rasch kristallisierte sich die bereits am 21. Oktober in der Besprechung unter Vorsitz von Hases zutage getretene Einstimmigkeit heraus. Die britischen Forderungen nach der Auslegung des MRCA hatten zu Gewichts- und Preisdimensionen geführt, die mit dem Referat Fü L I 4 selbst die Sympathisanten eines komplexeren Designs in die Fundamentalopposition trieben. Gemeinsam mit Krüger und Trienes waren sich damit die maßgeblichen Akteure der Arbeitsebene im Ministerium einig, dass der politische Kompromiss des „Communality Programms" auf die Entwicklung zweier vollkommen verschiedener Flugzeuge hinauslaufen würde, die der jeweils andere Partner selbst nicht

---

[227] BArch, BW 1/181399, Sprechzettel Fü L I (BG Krüger) für Sts anl. MRCA-Teilnahme UK vom 21.10.1968.

[228] BArch, BW 1/181399, Niederschrift ZRü (ORR Dr. Seydel) über die Besprechung mit Vertretern der deutschen Luftfahrtindustrie am 25.10.1968 vom 28.10.1968.

brauchen, geschweige denn in die eigenen Streitkräfte einführen würde. Steinhoff selbst machte klar: *„die UK-Version ist für die Luftwaffe absolut uninteressant, nicht zuletzt wegen der höher liegenden Kosten."* Damit wäre der ursprüngliche Ansatz, auf der durch die F-104G gelungenen Standardisierung aufzusetzen, gescheitert. Zudem, so Abteilungsleiter Bode, der immer noch Hauptabteilungsleiter Schiffers vertrat, wäre eine „gemeinschaftliche" Entwicklung zweier unterschiedlicher Typen *„selbst unter Berücksichtigung (…), dass international durchgeführte Entwicklungen teurer als national durchgeführte sind"*, „unwirtschaftlich[.]"* Angesichts des Ausmaßes der militärisch-konzeptionellen Unterschiede musste zudem nunmehr auch an der inhaltlichen Sinnhaftigkeit der „feasibility study" gezweifelt werden.[229] In der Konsequenz stellten die Versammelten allerlei Gedankenspiele über Alternativen im weiteren Programmverlauf an, die dem Staatssekretär, ohne im Protokoll explizit benannt zu werden, auf der anstehenden Besprechung *„mündlich vorgetragen werden"* sollten. Da das Besprechungsprotokoll Staatssekretär von Hase zur Kenntnisnahme vorgelegt werden musste, erscheint die Spekulation nicht ganz substanzlos, dass sie sich damit gegenüber der Leitungsebene bewusst bedeckt halten wollten.[230]

Einzige Bruchstelle der sich bildenden intraministeriellen Opposition bildete die Frage nach dem Umfang der deutschen Führungsrolle im Falle der ersehnten Loslösung von Großbritannien. In Anbetracht des drängenden Bedarfs für das Nachfolgemuster mussten die „politischen Nebenziele" eines möglichst umfassenden deutschen Führungsanspruches für die Luftwaffe hinter den Zeit- und Kostenfaktor zurücktreten. Entsprechend groß war die Offenheit, neben Technologie auch Managementexpertise aus dem Ausland einzukaufen, was bei den Rüstern und ihrer Prämisse des „eigenen Projekts" auf wenig Gegenliebe stieß. Diese versuchten stattdessen gemeinsam mit der Industrie, die seit Ende 1967 laufenden nationalen Referenzuntersuchungen als Grundlage eines alternativen NKF-Entwurfes in Stellung zu bringen.[231]

Als die Ministeriellen am 28. Oktober zur Besprechung mit dem Staatssekretär zusammenkamen, wurde allerdings schnell klar, dass Alternativüberlegungen müßig waren. Zwar machte Steinhoff klar, dass *„im Bereich der militärischen Forderungen (…) mit den Briten kein ausreichendes Maß an Gemeinsamkeit"* bestehe und die Luftwaffe für das Flugzeug nach Vorstellungen des Vereinigten Königreiches *„weder Bedarf noch Geld"* habe und auch Abteilungsleiter Bode wies darauf hin, dass *„man angesichts fehlender gemeinsamer militärischer Konzeption größte Schwierigkeiten in der Zusammenarbeit mit dem UK befürchten"* müsse, allerdings verfingen diese Argumente beim Staatssekretär nur begrenzt. Von Hase *„machte auf die Vorzüge in der Zusammenarbeit mit einem starken Regierungspartner aufmerksam"*

---

[229] BArch, BW 1/181399, Niederschrift ZRü (ORR Dr. Seydel) über die Besprechung mit Vertretern der deutschen Luftfahrtindustrie am 25.10.1968 vom 28.10.1968. Zitate auf den Seiten 4 u. 6.

[230] Ebd., S. 7.

[231] Ebd., S. 5. Für die Einschätzung von Wehrtechniker Trienes siehe auch BArch, BL 1/7486, Sachstandsbericht FüL/SBWS-NKF (ORR Dr. Trienes) zum NKF/MRCA-Programm vom 25.10.1968, S. 4.

und ordnete an, dass „*Alternativen zur Konsortiumslösung mit Großbritannien noch nicht in Angriff zu nehmen sind, bis die letzte Möglichkeit einer Einigung ausgeschöpft ist.*" Auch die von Brigadegeneral Krüger geäußerten Bedenken, nach denen der für den 15. November vorgesehene Bericht an die Ministerstellvertreter der Policy Group „*angesichts des zur Zeit bestehenden Schwebezustandes in der Frage der militärischen Forderungen, der Industrieorganisation und der SPO im Wesentlichen negativ ausfallen müsse*", ließen den Staatssekretär nicht am gesetzten Zeitplan zweifeln. Eine Absage des Sitzungstermins „*bezeichnete er als verfrüht*". Frei von Einsicht war von Hase dabei keinesfalls. Die Schwere der Differenzen bei der militärischen Auslegung des Flugzeuges und ihre existentielle Bedrohung für das Projekt waren ihm bewusst. Daher sollte Inspekteur Steinhoff eine Koalition mit Niederländern und Italienern bilden, um seinen britischen Counterpart von der Idee der Entwicklung zweier Flugzeuge abzubringen. Abteilungsleiter Bode trug von Hase den Entwurf eines Schreibens von Schröder an Minister Healey auf, in dem auf „*die Notwendigkeit einer Annäherung im militärischen Bereich*" hinzuweisen wäre. Parallel seien die Arbeiten an der „feasibility study" zügig in Gang zu bringen, die Aufschluss über den tatsächlichen Grad der möglichen Übereinstimmung zwischen den militärischen Vorstellungen der Partner geben sollte.[232]

Im Bereich der militärischen Vorstellungen begannen die Unterschiede indes nur wenige Tage später wieder in aller Deutlichkeit hervorzubrechen. Am 30. Oktober hatte sich die Joint Working Group erstmals mit der Industrie getroffen, um die Rahmendaten für das Flugzeug festzulegen, dessen Versionen die Industriepartner „gemeinsam" untersuchen sollten. Bereits am 31. Oktober kündigten die deutschen Industrievertreter dem Führungsstab an, dass sich als Ergebnis des Treffens ein Flugzeug als Studienbasis abzeichnete, das erheblich schwerer und damit teurer ausfallen würde, als ursprünglich geplant.[233] Wenige Tage später informierten sie Inspekteur Steinhoff offiziell darüber, dass die BAC den deutschen Leergewichtsvorstellungen von 22.000 Ibs Grenzwerte von bis zu 33.000 Ibs entgegensetzen würde. Mehr noch, das nach wie vor in nationaler Eigenregie untersuchte deutsche NKF-Design würde sich damit so stark vom MRCA unterscheiden, dass eine Parallelbearbeitung beider Programme nicht länger in Frage käme. Ein deutsches Einlenken bei den militärischen Forderungen für das MRCA würde damit auch direkt die nationale Rückfallposition NKF bedrohen.[234]

Die damit einhergehende – und in Anbetracht der Umstände rein rhetorische – Frage, ob dem multinationalen MRCA oder der Rückkehr zum nationalen NKF der Vorzug zu geben sei, hatte der deutsche Hauptauftragnehmer Messerschmitt-Bölkow für sich derweil bereits beantwortet. Schon am 30. Oktober hatte die Firma ein

---

[232] BArch, BL 1/20222, Besprechungsnotiz MinBüro (ORR Dr. Weber) zur NKF-Besprechung unter Leitung des Sts am 28.10.1968 vom 30.10.1968.

[233] BArch, BL 1/7625, Aktenvermerk FüL/SBWS-NKF (M Dassler) über Anruf Hr Langenfelder (MeBö) am 31.10.1968 vom selben Tag.

[234] Ebd., Fernschreiben der Hrn Langenfelder und Klapperich (EWR) an InspLw vom 4.11.1968.

Schreiben an das BMVtg verfasst, das die Abschlussbewertung des Amsterdamer In-dustrietreffens enthielt. Nach *„sorgfältigem Studium der letzten BAC-Vorschläge"* sei man *„nicht in der Lage, diese als Grundlage für eine industrielle Zusammenarbeit zu akzeptieren."* Statt-dessen drängte Messerschmitt-Bölkow auf die sofortige Beendigung der multinationa-len MRCA-Studie zu Gunsten des nationalen NKF-Programms, in das Niederländer und Italiener schnellstmöglich integriert werden sollten. *„Triebwerke, Geräte und Avionik-Ausrüstung"*, für die man in diesem Konsortium selbst keine ausreichenden Kompeten-zen sah, würde man auf marktwirtschaftlicher Basis in den USA, Frankreich oder gar Großbritannien beschaffen, wobei *„[n]ach Möglichkeit (...) jede Programmbeteiligung einer der drei Großmächte auf Regierungsebene vermieden werden"* sollte.[235] Ganz offensichtlich war man sich auch auf industrieller Seite der Dominanz des „politischen Pols" gewahr geworden und versuchte nun, ihn so weit wie möglich aus dem Projekt zu drängen.

Im Programm erodierte die ohnehin schon fragile Lage derweil weiter. Im Rah-men der SteerCo-Sitzung am 30. und 31. Oktober in London schieden nach den Kana-diern nun auch die Belgier endgültig aus. Gleichzeitig konnten die Versammelten ledig-lich feststellen, dass die Unterschiede bei den Vorstellungen hinsichtlich der militärischen Auslegung des Flugzeuges sowie der Industrie- und Behördenorganisation so groß wären, dass die Einigung auf ein Memorandum of Understanding für die nächs-ten Phasen des Projektes kaum wahrscheinlich sei. Stattdessen würde das Steering Com-mittee den Ministerstellvertretern für ihre Sitzung am 15. November lediglich nahelegen können *„den Stand des Programmes zur Kenntnis [zu] nehmen und auf eine Lösung der z.Zt. nicht entscheidbaren Probleme hin[zu]wirken."*[236]

Wie Arbeitsebene und Staatssekretär in dieser Phase die Tonalität gegenüber Großbritannien verhandelten, wird besonders im Entstehungsgang des Schreibens an Minister Healey deutlich, das von Hase am 28. Oktober bei Abteilungsleiter Bode be-auftragt hatte. Die Feststellung, es seien *„Fragen aufgetaucht, die, falls sie nicht geklärt werden, das gemeinsame Projekt weitgehend infrage stellen würden"*, wurde inzwischen auch vom Staats-sekretär getragen. Dass von Hase es *„für eine schlechte Sache halten"* würde, wenn Deutsch-land und Großbritannien *„ein gemeinsames Unternehmen beginnen [würden], bei dem die Gründe für ein Scheitern von vorneherein offenkundig sind"*, wollte er sich von Bode dann allerdings doch nicht in die Feder diktieren lassen. Gleiches galt für die pikante Formulierung, er müsse *„um mögliche weitere Missverständnisse zu vermeiden, darauf hinweisen, dass wir nicht in der Lage sind, uns an der Entwicklung und Produktion eines Flugzeuges zu beteiligen, dass für unsere militärischen Aufgaben im Hinblick auf die Beschaffungs- und Betriebskosten zu aufwendig ist."*[237] Aller diplomatischen Korrekturen zum Trotz war der schließlich am 5. November ver-sandte Brief von einem bis dato unerreichten Grad offener Besorgnis über die *„sich zur*

[235] BArch, BW 1/181399, Schreiben EWR/MeBö an HAL II, AL W, InpLw und AL T vom 30.10.1968, Zitate auf den Blättern 12f.
[236] Ebd., Notiz MinBüro (ORR Dr. Weber) zu NKF-Besprechung vom 12.11.1968, S. 1.
[237] Ebd., Entwurf AL W für Schreiben von Hase an Minister Healey vom 30.10.1968.

Zeit sehr deutlich darstellenden Schwierigkeiten" gekennzeichnet, ob derer nunmehr die Frage zu beantworten sei, inwiefern *„die britische und die anderen Luftwaffen noch ein gemeinsames Flugzeug als Entwicklungsziel haben[.]"*[238]

Die minutiösen Anweisungen, wie in der diplomatischen Korrespondenz mit dem aktuellen Verhandlungsstand und all seinen Widrigkeiten umzugehen war, ließ die Hausleitung bei den Fragen der tatsächlichen Umsetzung für die Arbeitsebene derweil allerdings nach wie vor missen. Welche Frustration sich hier angestaut hatte, wurde wenige Tage später deutlich, als Brigadegeneral Krüger den für den 15. November zur Verabschiedung vorgesehenen Bericht des Steering Committees an die Policy Group vorlegte. Das an Hauptabteilungsleiter Schiffers adressierte Begleitschreiben, das nachrichtlich auch an Inspekteur Steinhoff sowie die Abteilungsleiter Bode und Wahl adressiert war, kam einem Brandbrief gleich. Im Programm hätten *„sich im Verlauf der vergangenen Monate wesentliche Unterschiede entwickelt. Sie entstanden vornehmlich durch den Beitritt Großbritanniens. Auf Weisung der Leitung des Hauses wurde der offene Ausbruch der Gegensätze, die am 15. Oktober in London eindeutig sichtbar und ausgesprochen wurden, so abgefangen, dass die gemeinsamen Arbeiten unter allen Umständen fortgesetzt werden konnten, selbst unter der Gefahr einer gewissen Verschleierung der vorhandenen Gegensätze. Was als Kompromiss bezeichnet wurde, war mehrfach nur ein notdürftiges Mittel, um im formalen Gespräch zu bleiben, aber keine sachliche Grundlage für Fortschritte und Annäherung im Programm. (…) Die Erfahrungen im Programm fordern, dass die beteiligten Länder Geschlossenheit nach außen zeigen (…). Im Programm selbst ist aber z.Zt. kein Fortschritt zu erzielen, wenn nicht grundsätzliche Entscheidungen sehr bald getroffen werden. (…) Als deutsches Mitglied des Steering Committee und Vorsitzer der Tagung am 14. November bitte ich um klare Weisung."*[239]

Als Vertreter im SteerCo und damit oberstem Exekutivorgan des multinationalen Programms war Brigadegeneral Krüger der wohl exponierteste Leidtragende des Widerspruchs zwischen politischen, wirtschaftlichen und militärischen Zielen im MRCA-Projekt. Den zahlreichen wirtschaftlichen, organisatorischen und militärischen Unvereinbarkeiten stand einzig die vehemente Weisung des Staatssekretärs gegenüber, ein Scheitern des Programms nicht zuzulassen. Die Konsequenz war ein Entscheidungsvakuum, das Krüger in der Ausübung seines Amtes erheblich behinderte und offensichtlich auch frustriert haben muss. Seine Rolle als wesentlicher Kritiker der Vorgänge kann daher kaum verwundern. Mit seinem Brandbrief hatte die intraministerielle Opposition allerdings eine neue Dimension erreicht. Sie richtete sich nicht mehr länger nur gegen die Zusammenarbeit mit Großbritannien, sondern erstmals auch gegen den Kurs der Hausleitung, die aufbrechenden Widersprüche aktiv zu verdecken. Diese Praxis hatte das Programm zwar seit seiner Entstehung begleitet, war so aber noch nie direkt angesprochen, geschweige denn der Hausleitung explizit zum Vorwurf gemacht worden.

---

[238] Ebd., Entwurf AL W für Schreiben von Hase an Minister Healey vom 5.11.1968.

[239] BArch, BW 1/181402, Vorlage des Berichts des SteerCo an Policy Group durch Fü L I (BG Krüger) an HAL II vom 7.11.1968.

b) „Alle Möglichkeiten ausgeschöpft"? Staatssekretär von Hase unter Druck

Staatssekretär von Hase befand sich Anfang November 1968 in einer überaus unkomfortablen Situation. Das politisch bedeutsame Programm, das ihm von Minister Schröder anvertraut worden war, drohte vor seinen Augen von den inhärenten wirtschaftlichen und militärischen Zielkonflikten zerrissen zu werden. Sämtliche Kompromissversuche hatten lediglich die Inkompatibilität der deutschen und britischen Vorstellungen zu Tage treten lassen. Neben der immer stärkeren Opposition im eigenen Haus und aus der Industrie begann zu allem Übel nun auch das Interesse anderer Ressorts zuzunehmen.[240] Kommunikativ in die Offensive gezwungen, blieb dem Staatssekretär nichts anderes, als den aktuellen Verhandlungsstand ungeschönt darzulegen. Sein Sprechzettel für die Sitzung des Bundesverteidigungsrates (BVR) am 8. November, in der die anderen Häuser informiert werden sollten, urteilte offen: *„Die Aussichten, zu der von uns angestrebten integrierten Zusammenarbeit mit GB zu kommen, haben sich erheblich gemindert"*. Zudem würde *„[d]er Zeitdruck, unter dem die deutsche Luftwaffe steht, (…) eine fortdauernde Verzögerung bei der Weiterführung des Programmes nicht [gestatten.]"* Bis Dezember 1968 würde die Durchführbarkeitsstudie zeigen, ob die militärischen Forderungen wirklich in einem gemeinsamen Flugzeugprogramm übereinzubringen wären. Danach müsse man sich entscheiden, ob das Projekt so fortgesetzt werden könnte, oder nicht.[241] Damit war das MRCA-Programm offen zur Disposition gestellt worden.

Noch am Tag der BVR-Sitzung hatte der Staatssekretär erneut zur NKF-Besprechung gebeten. Für das Treffen war ursprünglich auch die Teilnahme der Industrievertreter vorgesehen, nach dem Memorandum Messerschmitt-Bölkows hatte man sich im Ministerium allerdings anscheinend entschlossen, die Industrie außen vor zu lassen.[242] Von Hase, der händeringend nach einer Möglichkeit suchte, den Verhandlungsstillstand zu überwinden, wandte sich im Gespräch mit der Frage an Inspekteur Steinhoff, *„ob für die Luftwaffe nicht doch das schwerere, den britischen Vorstellungen entsprechende Flugzeug in Betracht komme"*. Es wäre doch denkbar, *„dass das strategische Konzept sich wandeln könne"*, also der Fähigkeit zum nuklearen „Strike" in der Tiefe des gegnerischen Raumes wieder eine gehobene Bedeutung zukommen würde? Solche Gedankenspiele verfingen bei Steinhoff wenig überraschend nicht. Ein solches Design wäre schlichtweg zu teuer. Bei

---

[240] BArch, BW 1/181402, Sts-Vermerk MinBüro (ORR Dr. Weber) zum Unterrichtungswunsch des AA vom 29.10.1968 sowie BArch, BL 1/7486, Sts-Vermerk AL W betr. Vorstöße BMWi zu NKF vom 6.11.1968.

[241] BArch, BW 1/181399, Sprechzettel betr. Das MRCA/NKF-Programm für die BVR-Sitzung am 8.11.1968 erstellt durch MinBüro (ORR Dr. Weber) vom 7.11.1968.

[242] Dieser Entschluss war von Weber nach Rücksprache mit Dr. Seydel (ZRü, ehemals „Referent beim HAL II") und BG Krüger beim Staatssekretär angeregt worden. Die Vermutung liegt nahe, dass in diesem personellen Dreigestirn ein weiteres informelles Zentrum der ministeriellen MRCA-Arbeitsebene lag, das die Bereiche des HAL II, des Staatssekretärs, der Luftwaffe und selbst des Ministers verband: BArch, BW 1/181399, Sts-Vorlage MinBüro (ORR Dr. Weber) vom 6.11.1968.

gleichbleibendem finanziellem Rahmen – die zähen Rüstungsplan-Verhandlungen des letzten Jahres hatten gezeigt, dass von einer Steigerung nicht auszugehen war – würde ein so kostspieliges Muster niedrigere Stückzahlen bedeuten und damit *„zu einer nicht vertretbaren Schrumpfung der Luftwaffe führen."* Auch hinsichtlich der „feasibility study" hagelte es Tiefschläge. Angesichts der getrennt laufenden Arbeiten in Warton und München dürfe man, so sowohl Steinhoff als auch Krüger, *„an die Gemeinsamkeit des Ergebnisses keine besonderen Erwartungen knüpfen".* Damit zeichnete sich die reale Gefahr ab, dass die Entscheidung im Dezember tatsächlich negativ ausfallen würde – wenn die brüchige Scheinallianz der Industriellen überhaupt so lange halten würde. Für die anstehenden Sitzungen des SteerCo und der Policy Group am 14. und 15. November wies von Hase daher an, die Frage der Industrieorganisation bis zum Vorliegen erster Ergebnisse der „feasilibty study" erneut zurückzustellen. Alternativbetrachtungen würden sich derweil weiter verbieten.[243]

Messerschmitt-Bölkow schien indes nicht gewillt, den Ausschluss aus den Überlegungen hinzunehmen. Nur wenige Tage nach der BMVtg-internen Runde wandte sich das Unternehmen mit einem Schreiben direkt an von Hase. Man habe *„Ihrem [von Hases] Wunsche folgend nicht die Absicht, die Frage der Industrieorganisation wieder anzuschneiden. Wenn diese Frage jedoch von Regierungsseite oder seitens BAC wieder offiziell an uns herangetragen wird, so muss diese Unvereinbarkeit zu Tage treten. Der Umstand, dass wir gegenwärtig gemeinsam mit BAC an der ‚Feasibility-Studie' arbeiten, kann nicht zu einer Überbrückung dieser unvereinbaren, gegensätzlichen Auffassung über die Industrieorganisation führen."* Gleichzeitig sprach sich der Brief explizit gegen den britischen Vorschlag eines „Communality Programms" aus, das *„zu erheblichen Mehrkosten für die deutsche Luftwaffe führen"* würde. Stattdessen warb Messerschmitt-Bölkow wenig überraschend für die priorisierte Fortführung des nationalen NKF mit *„offener Tür für den Anschluss weiterer Partner",* womit die Firma den Großteil der ministeriellen MRCA-Opposition auf ihrer Seite wissen konnte. Nicht zuletzt deshalb liegt die Vermutung nahe, dass die Industriellen von der ministeriellen Arbeitsebene über die Notwendigkeit einer solch direkten Klarstellung informiert worden waren. Dafür spricht sowohl die unmittelbare zeitliche Nähe zur vorausgegangenen Besprechung mit dem Staatssekretär als auch der Umstand, dass Brigadegeneral Krüger Dr. Weber aus dem Ministerbüro die grobe inhaltliche Linie des Schreibens bereits vor dessen Eingang im Hause ankündigen konnte.[244]

Es schien fast, als sei nunmehr tatsächlich „die letzte Möglichkeit einer Einigung ausgeschöpft" und so blieb dem Staatssekretär nur noch eine Chance. Vom 14. bis 16.

---

[243] BArch, BW 1/181399, Notiz MinBüro (ORR Dr. Weber) zur Sts-NKF-Besprechung vom 12.11.1968.

[244] BArch, BW 1/181399, Brief MeBö (Hrn Empacher u. Madelung) an Sts von Hase vom 12.11.1968 inkl. handschriftlichem Vermerk von ORR Dr. Weber an Sts von Hase vom selben Tag.

November würden Healey und Schröder im Rahmen der NATO-Ministerratstagung[245] aufeinandertreffen. Dafür gab der Staatssekretär seinem Minister die Empfehlung auf den Weg, *„die Hoffnung auszusprechen, dass auf der für den 15. November im Bonn anberaumten Sitzung der Policy Group (…) der britische Vertreter in der Lage sei, Vorschläge zu machen, die die Fortsetzung der Zusammenarbeit auf integrierter Basis ermöglichen[.]"*[246] Bar weiterer Möglichkeiten, der britischen Seite Konzessionen abringen oder selbst anbieten zu können, war nun auch dem Staatssekretär nichts anderes mehr übrig geblieben, als den Konflikt auf politischer Ebene zu eskalieren.

---

[245] Die Sitzung war eine Reaktion auf den sowjetischen Einmarsch in Prag im August 1968.

[246] BArch, BW 1/181399 Ministervorlage Sts von Hase anl. Gespräch mit Minister Healey vom 12.11.1968.

8. November bis Dezember: Die Wende gelingt

a) Der Verhandlungsdurchbruch und die Annäherung der militärischen Forderungen

Mitte November 1968 hatte die deutsche Seite auf verschiedenen Verhandlungsebenen und in unterschiedlichen Deutlichkeitsgraden klargemacht, dass das Programm unmittelbar auf der Kippe stünde, wenn Großbritannien im Bereich der militärischen Forderungen keine Konzessionen machen würde. Und tatsächlich, die Sitzungen des Steering Committees und der Policy Group am 14. und 15. November ergaben signifikante Durchbrüche. Der just in den Dienst zurückgekehrte Hauptabteilungsleiter Schiffers, der Deutschland in der Policy Group vertrat, konnte ein in Anbetracht der letzten Sitzungsergebnisse erstaunlich positives Resümee ziehen. Hinsichtlich der Grundparameter des Flugzeuges, dessen Versionen durch die „feasiblity study" zu untersuchen waren, wäre *„allgemein anerkannt, dass die Gewichte – auch für die Engländer – zu hoch sind"*. Die Joint Working Group sollte daher die vorhandenen militärischen Forderungen auf Möglichkeiten für Gewichtseinsparungen untersuchen und dem SteerCo zur vorläufigen Entscheidung vorlegen. Mitte Dezember würden die Ergebnisse den Luftwaffeninspekteuren zur Billigung vorgelegt werden.[247] Mit der Aussicht auf eine Angleichung der militärischen Forderungen war dem ursprünglichen Dezember-Ultimatum die Schärfe genommen. Mehr noch, aller Vorbehalte zum Trotz war auch der Umsetzungsebene um Brigadegeneral Krüger und seinen internationalen Kollegen ein tatsächlicher Handlungs- und Entscheidungsspielraum zugebilligt worden.

Auch das allgemeine MoU für die nächsten Projektphasen schien wieder in Reichweite, nachdem in den beiden Sitzungen *„wesentliche Fortschritte erzielt"* und eine *„Einigung prinzipiell in allen Punkten"* herbeigeführt werden konnte. Zudem war in der leidigen Frage der Behördenorganisation ein Durchbruch gelungen. Nach einem ersten Patt kamen *„die vier Delegationsleiter in vertraulicher Sitzung entsprechend der deutsch-niederländischen Vorstellungen überein, ad interim Air Commodore Stokla (NL) zum „International General Manager" und Group Captain Watts (UK) zu seinem Vertreter zu berufen"*. Damit war endlich ein Nukleus des behördlichen System Programme Office gebildet. Die Industriefrage bedurfte zwar immer noch einer Lösung, aber die Delegationen konnten sich zumindest darauf einigen, die Unternehmen geschlossen zur erneuten Unterbreitung von Vorschlägen aufzufordern.[248]

Mit den militärischen Forderungen und der Behördenorganisation war es dem BMVtg bemerkenswerterweise gelungen, seine Verhandlungsziele in gleich zwei von drei Konfliktfeldern weitestgehend erfolgreich durchzusetzen. Schiffers, der Staatssekretär von Hase separat über die Verhandlungen informierte, verfiel teilweise in

---

[247] BArch, BW 1/181399, Sts-Vorlage HAL II zu den Ergebnissen der SteerCo und Policy Group Sitzungen vom 15.11.1968.

[248] Ebd.

regelrechte Siegesrhetorik. *„Wir haben (...) in keiner Position deutsche Interessen aufgegeben. Ich habe vielmehr darauf hingewiesen, dass wir beim derzeitigen Stand der Feasibility Study ernsthafte Zweifel daran haben müssen, ob das Ergebnis den Anforderungen unserer Luftwaffe entspricht.“* Auch im Bereich der Industrieorganisation sei der Hauptabteilungsleiter hart geblieben und hätte klargemacht, dass es keine Alternative zur Zusammenarbeit abseits einer Joint Company in München gäbe. Er beendete seine Ausführungen an von Hase mit einer Einschätzung, an die nur wenige Tage vorher gar nicht zu denken gewesen war: *„Obgleich wir (...) unsere Interessen voll wahrten, bestand allgemeine Übereinstimmung, auch mit der britischen Delegation, dass wir einen wesentlichen Fortschritt in Bezug auf die Verwirklichung des gemeinsamen Projektes getan haben[.]“* [249]

Ohne Einsicht in weitere nationale und internationale Quellen bleibt die Frage offen, inwieweit der hier kommunizierte Durchbruch in diesem Ausmaß tatsächlich gelungen war oder worauf er fußte. Hatte die britische Seite tatsächlich Konzessionen gemacht und wenn ja, warum? Welchen Einfluss hatte die Figur Schiffers' auf die tatsächlichen Verhandlungen und die interne Berichterstattung? Wie hätten sich die gleichen Ergebnisse dargestellt, wenn sie beispielsweise Abteilungsleiter Bode vorgetragen hätte? Prozesse im Hintergrund wie die parallelen Verhandlungen über die britische Beteiligung am Airbus-Programm oder auch das Ministergespräch in Brüssel könnten einen etwaigen Umschwung erklären helfen, werden aber in den Projekt-Akten nicht deutlich. Vom Gespräch mit Minister Healey zeugt einzig ein handschriftlicher Verweis Staatssekretär von Hases, nach dem ersterer sich *„in Brüssel sehr optimistisch hinsichtlich weiterer Gemeinsamkeit“* geäußert habe. [250]

Dafür, dass die Ergebnisse der Verhandlungen vom 14. und 15. November tatsächlich substanzieller Natur waren und nicht nur auf geschickte Ergebniskosmetik des Hauptabteilungsleiters zurückgingen, sprechen die Folgeberichte Brigadegeneral Krügers, der nachweislich wenig zu politischer Schönfärberei neigte. Als das Steering Committee am 26. November tagte, um die beauftragten Gewichtseinsparungen zu diskutieren, gelang eine Reduktion des Basisgewichts auf bis zu 22.000 lbs. Damit waren laut Krüger *„die ursprünglichen deutschen NKF-Werte allgemeine Grundlage geworden“* [251], was den Verhandlungsergebnissen der Sitzung an anderer Stelle das Krüger'sche Prädikat *„sehr zufriedenstellend“* eintrug. [252] Ministerbüro-Referent Weber wusste den Brigadegeneral in seinem Vermerk für den Staatssekretär sogar dahingehend zu zitieren, dass es sich bei

---

[249] BArch, BW 1/181399, gesonderte Sts-Vorlage HAL II zu den Ergebnissen der Policy Group inkl. handschriftlichem Vermerk Sts von Hase vom 15.11.1968.

[250] BArch, BW 1/181399, gesonderte Sts-Vorlage HAL II zu den Ergebnissen der Policy Group inkl. handschriftlichem Vermerk Sts von Hase vom 15.11.1968.

[251] BArch, BL 1/7486, Ergebnisbericht Fü L I (BG Krüger) zu 7. Sitzung SteerCo vom 28.11.1968, S. 1.

[252] BArch, BW 1/181402, Ergebnisbericht Fü L I (BG Krüger) zu DEU-UK Stabsgespräch vom 29.11.1968, S. 3.

dem Termin um *„eine erfolgreiche Arbeitssitzung (…) in guter Atmosphäre"* gehandelt hätte. Es sei zudem – so Weber – *„nicht mehr unwahrscheinlich, dass man gemeinsam mit Großbritannien in die Definitionsphase eintritt [.]"*[253] Staatssekretär von Hase hatte nach Wochen des Bangens endlich Grund zum Aufatmen.

Anders als bisher so oft der Fall, schienen die Gespräche auf Arbeitsebene die Verhandlungsergebnisse diesmal sogar zu konsolidieren, statt wieder einzureißen. Krüger war am 29. November nach London gereist, um mit Vertretern der britischen Luftwaffenführung über die Anpassungen bei der Auslegung des MRCA zu sprechen. Nicht nur schien der RAF dem Brigadegeneral aufrichtig an einem gemeinsamen Flugzeug mit der Luftwaffe gelegen, sie sei *„den deutschen Werten (NKF) auch weitgehend entgegengekommen"* und wolle auf das Ministry of Technology einwirken, *„um die britischen industriellen Forderungen zu dämpfen um die Programme [die beiden Varianten des MRCA] mit Deutschland zu ermöglichen."*[254] Letzterer Vermerk lässt erahnen, dass – anders als im BMVtg wahrgenommen – auch auf britischer Seite interne Konfliktlinien bezüglich der Zielvorstellungen für das Programm bestanden.

b) „Den toten Punkt überwunden" – Die Einigung der Industrie am 5. Dezember 1968

Die Regelung der Industrieorganisation war nach den jüngsten Durchbrüchen der einzige Programmbestandteil, in dem die Erfolge noch ausgeblieben waren. Auch hier nahm sich Schiffers nach seiner Rückkehr wieder den Sondierungen an. Am 5. Dezember war ein erneuter Verhandlungstermin der internationalen Industriepartner angesetzt und so lud der Hauptabteilungsleiter die deutschen Industrievertreter am 22. November zu einer ersten Vorbesprechung. Die Industriellen machten dabei deutlich, dass sie ihre Vorbehalte gegenüber einem „Communality Programm" mit Großbritannien keinesfalls aufgegeben hatten. Stattdessen hofften sie nach wie vor auf die Entwicklung eines Einheitsmodells, die die Rückkehr zur alten, deutsch-dominierten Konsortiallösung bedeutet hätte. Anstelle des MRCA-Programms wollte man bei Messerschmitt-Bölkow lieber bei der Entwicklung eines Phantom-Nachfolgers für die 1980er Jahre mit den Briten kooperieren.[255]

Auch Abteilungsleiter Wahl betonte die Bedeutung möglicher Alternativen, die *„deutlich sichtbar zu machen"* seien. Basis dafür sei das nationale NKF-Konzept, das *„mit gleicher Priorität und Gründlichkeit"* wie die MRCA-Entwürfe zu untersuchen wäre. Durch bilaterale Vereinbarungen mit den USA standen für die nationalen NKF-

---

[253] BArch, BW 1/181402, Sts-Vermerk MinBüro (ORR Dr. Weber) vom 27.11.1968.

[254] BArch, BW 1/181402, Ergebnisbericht Fü L I (BG Krüger) zu DEU-UK Stabsgespräch vom 29.11.1968, S. 2.

[255] BArch, BW 1/181402, Kurzvermerk ZRü (MinR Dr. Seydel) zu Industriegespräch vom 22.11.1968, S. 2.

Untersuchungen exklusive Leistungsdaten neuer US-amerikanischer Triebwerke zur Verfügung.[256] Mit diesem Vorteil konnten Rüster und Industrielle ihr „eigenes" Rückfallprojekt als Bewertungsmaßstab für das multinationale MRCA etablieren und damit die Parallelität von NKF und MRCA absichern.

Hauptabteilungsleiter Schiffers kam diesem Ansatz dadurch entgegen, dass er „die volle und vorbehaltlose Mitarbeit an der Feasibility Studie" genauso anordnete wie die Fortführung der nationalen NKF-Untersuchung. Alternativen zur Zusammenarbeit schloss er nicht aus, man werde sie lediglich „zu gegebener Zeit prüfen", bis dahin wäre aber die „Reduzierung der nationalen Forderungen" an das MRCA notwendig, um eine möglichst hohe Gemeinsamkeit der deutschen und britischen Version zu ermöglichen. Auch an der Prämisse einer vollintegrierten Joint Company wäre so lange nicht zu rütteln.[257] Die Art, das Gespräch abzubinden, offenbart den Wert des Hauptabteilungsleiters als Bindeglied zwischen politischer Leitung und Arbeitsebene. Im Vergleich zur beschwichtigenden Kommunikation des Staatssekretärs wirkte Schiffers regelrecht verbindlich, in Relation zur Linie Wahls oder gar Krügers hingegen schon fast wieder versöhnlich.

Der Einfluss Schiffers' ist sicherlich nicht überzubewerten, dennoch wäre er weitere Recherchen wert. Denn nachdem er am 3. Dezember erneut mit den Industriellen konferiert hatte, gelang zwei Tage später beim Industrietreffen in London auch in der Frage der Industrieorganisation der Durchbruch. Wie sich bereits angekündigt hatte, sollte das System-Engineering aus der Joint Company herausgelöst und auf zwei gleichberechtigte Teams in Warton und München verteilt werden, die sich bei der Arbeit an den jeweiligen Versionen lediglich abstimmen sollten. Um einen gemeinsamen Ausgangspunkt zu schaffen, würden die beiden Teams in den ersten sechs bis acht Wochen gemeinsam in München arbeiten.[258]

Dass man sich damit erheblich von den ursprünglichen deutschen Vorstellungen entfernt hatte, wurde auch im BMVtg erkannt. So urteilte Hauptabteilungsleiter Schiffers gegenüber Staatssekretär von Hase, die gefundene Lösung wäre „weniger effektiv als das ursprünglich angestrebte einheitliche System-Engineering innerhalb der Joint Company; sie wird möglicherweise einen größeren Zeitaufwand, höhere Kosten und Schwierigkeiten bei der Entscheidungsfindung verursachen." Andererseits wäre es dadurch gelungen, „den bisherigen toten Punkt in den Bemühungen um das Zustandebringen einer europäischen Industriezusammenarbeit in dem Projekt" zu überwinden und auch Messerschmitt-Bölkow dazu zu bewegen, dieser „europäischen Organisation für die Entwicklung des MRCA-Waffensystems" den Vorzug gegenüber dem national dominierten Ansatz zu geben. Daher hätte Schiffers Krüger angewiesen,

---

[256] Ebd., S. 3.

[257] Ebd., S. 3f.

[258] BArch, BW 1/583220, Sts-Vorlage HAL II mit Nachtrag zu Industrie-Kompromiss vom 10.12.1968, S. 2.

dieser Regelung vorbehaltlich möglicher Änderungen im weiteren Programmverlauf zumindest für die anstehende Definitionsphase zuzustimmen.[259]

Damit war das Diktum der vollintegrierten Joint Company zugunsten einer Auflösung der letzten akuten Blockade des gemeinsamen Programms aufgegeben worden. Im Gegenzug hatten auch die Briten mit der Zustimmung zu einer – wenn auch kurzen – gemeinsamen Arbeitsphase in München massive Konzessionen gemacht, die vor dem Hintergrund des bisherigen Verhandlungsverlaufes ein signifikantes politisches und psychologisches Zugeständnis bedeutete. Auch das Zustandekommen dieser Einigung würde weitere umfassende Recherche lohnen. Allein auf deutscher Ebene hatte Schiffers noch am 22. November verkündet, dass *„Entscheidungen über Konzept- und Organisationsfragen (...) wegen der politischen Bedeutung eine Abstimmung mit der Bundesregierung erforderlich"* machen würden,[260] worunter eine Abkehr von der vollintegrierten Joint Company mit Sicherheit gefallen wäre. Vom potentiell entscheidenden Treffen des Hauptabteilungsleiters mit den Industriellen vom 3. Dezember scheinen derweil keine Aufzeichnungen überliefert zu sein.

Mit der industriellen Einigung war indes der letzte große Konflikt im internationalen „Spannungsfeld aus Politik, Wirtschaft und Militär" beigelegt worden. Der Kompromiss hatte die deutsche Luftfahrtindustrie auf Augenhöhe mit ihrem britischen Pendant gehoben. Nach dem Erfolg der nationalen Industriekonsolidierung war damit auch das Ziel, die deutsche Luftfahrtindustrie auf multinationaler Ebene kooperationsfähig zu machen, erfüllt. Damit stand auch der politischen Absicht einer Zusammenarbeit mit Großbritannien nichts mehr im Wege.

Nachdem in allen drei wesentlichen Konfliktfeldern Einigungen erreicht worden waren, schien der Knoten im Programm geplatzt. Sowohl die deutsche Teilstudie der internationalen MRCA-Untersuchungen als auch die erste Zusammenführung der Ergebnisse durch BAC und Messerschmitt-Bölkow zeigten in eine positive Richtung. *„Es scheint, als seien Niederlande, UK u. Deutschland sehr zufrieden bisher"*, berichtete Brigadegeneral Krüger seinem Inspekteur am 10. Dezember. Das MRCA-Programm wäre nunmehr *„militärisch möglich, weil mit Forderung sehr angenähert auf NKF-Basis"* und bewege sich auch in seinen anderen Bestandteilen auf zufriedenstellende Weise, zumal es – so wurde Krüger nicht müde zu betonen – *„politisch-wirtschaftlich von [der] Leitung gewünscht"* sei.[261]

Am 17. Dezember kamen die Luftwaffenchefs der Partnernationen wie verabredet zusammen, um final über die vom Steering Committee vorgenommenen Gewichtseinsparungen zu befinden. Als es daran ging, dem Staatssekretär von diesem

---

[259] BArch, BW 1/583220, Sts-Vorlage HAL II mit Nachtrag zu Industriekompromiss vom 10.12.1968, S. 2f.

[260] BArch, BW 1/181402, Kurzvermerk ZRü (MinR Dr. Seydel) zu Industriegespräch vom 22.11.1968, S. 4.

[261] BArch, BW 1/181399, Bericht BG Krüger an InspLw über deutsche Botschaft London vom 10.12.1968.

entscheidenden Zusammentreffen zu berichten, sprang Ministerbüro-Referent Weber ein, um den kühlen Krüger'schen Duktus in leitungskompatible Euphorie zu übersetzen. Der Brigadegeneral habe, so wusste Weber zu zitieren, *„das Ergebnis der CAS-Sitzung sehr positiv"* beurteilt, es sei gar *„ein Grad der Gemeinsamkeit erreicht worden, der vor kurzem noch nicht für möglich gehalten worden wäre"* und auch an der Feasibility Studie würde *„mit großer Intensität"* gearbeitet.[262]

Nachdem die im „Spannungsfeld aus Politik, Wirtschaft und Militär" aufgetretenen Friktionen das MRCA-Programm fast zerrissen und das BMVtg auf eine harte Probe gestellt hatten, schien das Projekt nun in sicherere Fahrwasser zu steuern. Dieser Phase der Konvergenz war allerdings nur ein sehr kurzes Bestehen vergönnt. Schon Anfang 1969 brachen die inhärenten Zielkonflikte des MRCA-Programms erneut auf, ein Jahr später war die ursprüngliche Luftwaffenversion des MRCA endgültig Geschichte.

---

[262] BArch, BW 1/181399, Sts-Vorlage MinBüro (ORR Dr. Weber) vom 18.12.1968.

9. Epilog – Der Rückfall und das Ende des Einsitzers

Im Bereich der Industrie und Behördenorganisation wurden die 1968 getroffenen Beschlüsse im Verlaufe des Jahres 1969 sukzessive umgesetzt. Am 26. März 1969 bildeten BAC, Messerschmitt-Bölkow, die niederländische Fokker und die italienische Fiat mit der Panavia GmbH die Joint Company mit Sitz in München.[263] Wenige Monate später gelang mit der Fusion der Hamburger Flugzeugwerke mit Messerschmitt-Bölkow erstmals ein maßgeblicher Zusammenschluss zwischen Unternehmen der Nord- und Südcluster und damit ein weiterer signifikanter industriepolitischer Durchbruch.[264] Auch die gemeinsame behördliche Systemführung im Rahmen des System Programme Office nahm sukzessive Form an und wurde am 1. September 1969 als NATO Multi Role Combat Aircraft Development and Production Management Agency (NAMMA) in den Rang einer NATO Behörde erhoben.[265]

Im Bereich der militärischen Forderungen begann es jedoch schon bald wieder zu kriseln. Bereits im Januar 1969 wusste der Systembeauftragte Oberst Limberg zu berichten, dass die britische Seite in die Ende Dezember gemeinsam für die MRCA-Studie zugrunde gelegten Werte eine Hintertür eingebaut hätte, bei der *„durch nachträgliche Streichung eines einzigen Nebensatzes (…) wieder die britische Mission voll als Sizing Mission in den Vordergrund treten würde. Tatsächlich beantragte die britische Delegation (…) die Streichung dieses Nebensatzes (…). England hat also immer noch nicht aufgegeben, seine abweichenden Vorstellungen und Forderungen an das Flugzeug voll durchzusetzen. Es ist auch in Zukunft (…) mit weiteren Versuchen in dieser Richtung zu rechnen.“*[266]

Bald darauf brach der offene Konflikt über die Auslegung des Flugzeugs erneut offen aus, wobei der Führungsstab immer stärker in die Offensive ging. Streitpunkte bildeten die für das Dislozierungskonzept der deutschen Luftwaffe so maßgebliche Landegeschwindigkeit sowie bald darauf auch die Eignung des Musters als *„Tactical Fighter"* im Kampf gegen feindliche Jagdflugzeuge.[267] Bereits Ende Februar 1969 kündigte ein angesichts des unaufhaltsam näher rückenden Ablösungszeitpunktes für die F-104G und die G.91 immer mehr unter Zeitdruck geratender Steinhoff Hauptabteilungsleiter

---

[263] BArch, BW 1/181402, Sts-Vermerk MinBüro (ORR Dr. Weber) anl. Sitzung VtgA vom 26.3.1969, S. 2.

[264] BArch, BW 1/384103, Schreiben MeBö vom 15.8.1968 sowie Vermerk W III 5 vom 22.5.1969, S. 2.

[265] BArch, BL 1/7721, Protokoll 15. NKF-Besprechung FüL/SBWS-MRCA (M Dassler) vom 9.11.1969, S. 4.

[266] BArch, BL 1/7713, Beurteilung MRCA durch Fü L/SBWS-NKF vom 17.1.1969, S. 2.

[267] BArch, BL 1/18766, Besprechungsbericht Einsatzkonzept NKF/MRCA Fü L I 4 vom 3.3.1968.

Schiffers an, die Luftwaffe müsse unter Umständen *„ein anderes geeignetes Ersatzmuster, (…) für eine Teilablösung, fordern."* [268]

Während BAC und Messerschmitt-Bölkow bereits im Februar 1969 erste, noch getrennte Entwürfe für jeweils eine ein- und eine zweisitzige Version des MRCA vorgestellt hatten, gelang es den beiden nunmehr in der Panavia vereinten Unternehmen Ende März 1969 einen Basisentwurf für das MRCA mit jeweils nur einer gemeinsamen Ein- und Zweisitzerversion zu präsentieren. [269]

Der Hoffnungsträger für die „taktische Luftwaffe": Künstlerische Darstellungen der einsitzigen PA-100 in der Einsatzkonfiguration „Air Superiority"/„Tactical Figther" mit vier Luft-Luft-Raketen und Zusatztank, wahrscheinlich aus dem März 1969.
Quelle: Bestand Panavia/O. Friedrich, Aktenbox 34, unbeschriftete Sammelmappe mit Berichten und Abbildungen zu AVS, NKF und MRCA 1968-1969.

---

[268] BArch, BL 1/7487, Ergebnisvermerk ZRü (MinR Dr. Seydel) über Besprechung mit Vertretern der deutschen Luftfahrtindustrie unter Vorsitz HAL II vom 5.3.1969, S. 4.
[269] BArch, BL 1/7713, Aktennotiz Joint Feasibility Study von Fü L/SBWS-NKF vom 3.2.1969.

Die Streitigkeiten über deren genaue Auslegung gingen derweil jedoch weiter und die Verhandlungen fielen rasch in die alten Muster der kurzlebigen Scheinkompromisse zurück. Die Frage, ob das MRCA grundsätzlich vom Einsatz am und über dem Heer oder in der operativen Tiefe des Gegners gedacht werden sollte, war immer noch nicht ausgefochten. Die technischen Kompromisse bewegten sich derweil immer stärker in eine Richtung, die die Eignung für den Einsatz als taktischer Jäger bedrohte. Gemeinsam mit der zeitlichen Verzögerung brachte diese Entwicklung Inspekteur Steinhoff im April 1969 dazu, das Programm erneut gänzlich in Frage zu stellen.[270] Die Niederländer, deren Forderung von Anfang an in Richtung eines leichten taktischen Jagdflugzeuges gegangen war, zogen derweil im Sommer 1969 die Reißleine und stiegen aus dem Programm aus.[271]

Im Verlaufe des Jahres 1969 geriet der MRCA-Kompromiss immer stärker unter Beschuss. Inspekteur Steinhoff drängte vehement auf die Erhöhung der Tauglichkeit des Flugzeuges für den Luftüberlegenheitseinsatz, während das nationale NKF-Konzept als Alternativprojekt weiter an Fahrt gewann. Dieses sollte nunmehr mit sogenannten „Entenflügeln" ausgestattet werden, um in dieser Richtung wesentlich günstigere Flugeigenschaften zu entwickeln.[272] Die für den Einsatz im Kampf gegen andere Flugzeuge maßgebliche Manövrierfähigkeit wurde zum entscheidenden Faktor im Ringen um die Zukunft des MRCA.

Um diesen Parameter zu erhöhen, hätte die Luftwaffe „ihren" Einsitzer mit bis zu 25% größeren Tragflächen ausstatten können, womit allerdings auch ein Schwund der viel beschworenen Gemeinsamkeit von Ein- und Zweisitzer einhergegangen wäre. Im BMVtg stellte sich allerdings der Eindruck ein, dass Messerschmitt-Bölkow im Gegensatz zur BAC gar kein Interesse daran hatte, diese Gemeinsamkeit zugunsten deutscher Sonderforderungen aufzugeben. Die deutsche Industrie würde überzeugt scheinen, „*dieses Programm politisch nur mit Großbritannien durchführen zu können*" und wolle daher „*jede Schwierigkeit vermeiden.*" Es möge gar „*eine gewisse Scheu, den sicheren Boden der von der*

---

270 BArch, BW 1/181400, Sts-Vorlage InspLw betr. MRCA-Programm vom 24.4.1969, S. 2.

271 BArch, BW 1/181401, Ministervorlage HAL II zur Policy Group Sitzung vom 14.5.1969, inkl. Anlage 1; sowie BArch, BW 1/181402, Vermerk Sts von Hase vom 30.6.1969 samt anliegender Note.

272 Dahinter verbarg sich eine komplexe Konstellation aus Akteuren und Motiven. Festzuhalten ist, dass es im BMVtg sowie im nachgeordneten technischen Bereich und beim MeBö-Konkurrenten VFW energische Fürsprecher für eine alternative Auslegung des MRCA gab, die den Vorzug dieser Konfiguration mittels eines „Enten-NKF" nachweisen wollten. Dies muss zumindest in Teilen mit Billigung des AL T und der T IV 1 und 2 geschehen sein. Die VFW führte im Auftrag des BMVtg auch Studien in diese Richtung durch. Siehe hierfür den Bestand BArch, BW 1/383949. Nach ihrem Ausscheiden aus dem MRCA-Programm prüften die Niederländer angeblich gar, das Entenflügel-NKF zwischen Fokker und VFW in Eigenregie zu entwickeln, siehe dafür BArch, BL 1/7487, Vermerk HAL II zum MRCA-Programm vom 1.8.1969, S. 4.

BAC bereits geleisteten Vorarbeiten zu verlassen, die Haltung der deutschen Industrie mitbestimmen."[273] Hatte sich die deutsche Luftfahrtindustrie, nachdem sie kein Jahr zuvor so selbstbewusst aufgetreten war, nun doch in einer Junior-Position eingerichtet?

Eine solche Kehrtwende wäre im MRCA-Programm nicht ohne Präzedenz gewesen. Denn als das Projekt durch die Luftwaffenführung und das nationale NKF-Konzept weiter unter Druck geriet, sprangen ihm ausgerechnet einige seiner vormals größten Kritiker zur Seite. So warben Anfang Juli 1969 Brigadegeneral Krüger und der inzwischen in denselben Dienstgrad beförderte Gerhard Limberg, die Wehrtechniker Engelmann, Scheven und Trienes sowie Oberst Birkenbeil gemeinsam bei Hauptabteilungsleiter Schiffers, Inspekteur Steinhoff und Abteilungsleiter Wahl um Akzeptanz für das MRCA mit einer lediglich eingeschränkten Verbesserung der Manövrierfähigkeit. Sie empfahlen dem Inspekteur, *„die vorhandene Schwäche [bei der Wendigkeit im mittleren Geschwindigkeitsbereich] im Interesse des Zustandekommens dieses für unsere Industrie lebenswichtigen Programms in Kauf zu nehmen"*, während Abteilungsleiter Wahl angehalten wurde, dieses Defizit *„im Interesse der Durchführung dieses Programmes (technologisch und politisch) als besten erreichbaren Kompromiss für den Bereich der Abt[eilung] T zu akzeptieren."*[274]

Bis Anfang August 1969 gelang es tatsächlich, die Anforderungen an das MRCA in diese Richtung festzuschreiben. In seiner als „Panavia (PA) 100"[275] bezeichneten einsitzigen Version würde es 22.800 lbs wiegen und tatsächlich über eine lediglich um 10% vergrößerte Tragfläche verfügen. Für den nötigen Schub sollten zwei Rolls-Royce Triebwerke sorgen, die eigens für das MRCA entwickelt wurden.[276] Das alternativ betrachtete US-amerikanische Aggregat der Firma Pratt & Whitney hätte zwar bedeutend früher zur Verfügung gestanden und damit *„eine größere Sicherheit zur Einhaltung des Zeitfaktors"* geboten, war aber zu einem erheblich höheren Preis angeboten worden und hatte weder die deutschen noch die britischen Forderungen nach einer Industriebeteiligung bei der Triebwerksentwicklung erfüllt.[277] Mit der Gründung der Turbo Union Ltd. durch Rolls-Royce, die deutsche MTU und die italienische Avio im November 1969 war es erneut gelungen, die deutsche Industrie in einer maßgeblichen europäischen Kooperation zu platzieren.[278]

---

273 BArch, BL 1/20222, Schlussfolgerung und Empfehlung nach Besprechung mit den dt. Anteilen Panavia durch Fü L/SBWS-MRCA, T IV, Fü L I 2, T IV 2 und Fü L I 4 vom 9.7.1969, S. 3.

274 Ebd., S. 5.

275 BArch, BL 1/7589, Anlage zum Schreiben BAC (Mr. Greenwood) an BG Limberg vom 12.8.1969, S. 4.

276 BArch, BL 1/7487, Ergebnisbericht Fü L/SBWS-MRCA zur 22. BoD Sitzung vom 9.10.1969, S. 3f.

277 BArch, BL 1/7721, Ergebnisprotokoll der 15. MRCA-Arbeitsbesprechung vom 9.9.1969, S. 1f.

278 BArch, BL 1/7487, Schreiben HAL II an Sir Pearson (Rolls-Royce) vom 3.11.1969.

War der Systembeauftragte für das MRCA Brigadegeneral Limberg noch voller Optimismus aus dem scheidenden Jahr 1969 gegangen,[279] bedeutete diese Konstellation wenige Wochen später das Ende der PA-100. Auf Basis der nach zähem Ringen festgesetzten Rahmenparameter stellte die Panavia im Februar 1969 ihre finalen Konzeptentwürfe für die beiden MRCA-Versionen vor.[280] Zur Bestürzung des BMVtg war der Einsitzer unter anderen durch Gewichtssteigerungen beim Triebwerk erneut schwerer geworden. In einer handschriftlichen Notiz machte Brigadegeneral Limberg seinem Frust am 15. Februar Luft: *„Der Einsitzer ist durch die Triebwerksgewichtserhöhung fast ruiniert. Er muss Ballast mitschleppen und ist nur noch ca. 500 lbs leichter als der Zweisitzer. Das ist eine Folge des laufenden Nachgebens und der Anpassung unserer Industrie an BAC, die eine Gewichtserhöhung des Triebwerkes im Zweisitzer leicht verkraften kann. (...) UK hat sich mit einer Revision der Requirements einverstanden erklärt, doch bezweifele ich, dass sich Fü L I und III einigen können etwas aus dem Flugzeug wieder herauszuschmeißen und damit zu einer nennenswerten Gewichtsreduzierung zu kommen. (...) Wir müssen uns damit abfinden, dass wir jetzt auf BoD-Ebene [Bord of Directors, die „Rechtsnachfolgerin" des Steering Commitee, KK] in unserem Interesse liegende Beschlüsse gegen UK durchdrücken können, dass aber in der Praxis diese Beschlüsse nicht realisiert werden"*, was unter anderem auf die *„BAC Hörigkeit der Industrie"* zurückzuführen sei. Daher müsse man *„erwägen, ob nicht durch völlige Communality (...) divergierende Interessen beseitigt u[nd] das]Min[istry of] Tech[nology] zum Bündnisgenossen gemacht werden sollte. Das würde bedingen, dass wir auch zum Zweisitzer übergehen und dafür eine Verbesserung der Manövrierfähigkeit von UK als Zugeständnis einhandeln. (...) Meyen [sic!], Roosen, Obleser, Birkenbeil sind ohnehin Befürworter des Zweisitzers."*[281]

Als Brigadegeneral Limberg Abteilungsleiter Wahl wenige Tage später auf die Möglichkeit ansprach, ganz auf den Zweisitzer umzuschwenken, begrüßte dieser diesen Gedanken ausdrücklich und merkte an, *„[d]iesen Vorschlag habe er aus techn[ischer] Sicht bereits seit einiger Zeit machen wollen."*[282] Auch eine Arbeitsgruppe von über 50 Experten unter der Leitung von Oberst Birkenbeil und Regierungsdirektor Trienes kam zu der Einschätzung, dass sich Ein- und Zweisitzer in ihren Leistungen inzwischen sehr glichen, wobei letzterer *„im Gewichtshaushalt besser ausgewogen"* wäre und *„durch den zweiten*

---

[279] BArch, BL 1/7713, Sachstandsbericht Fü L/SBWS-MRCA (BG Limberg) vom 9.12.1969, S. 2.

[280] BArch, BL 1/9298, Gesprächsnotiz Fü L/SBWS-MRCA betr. Leistungsdaten MRCA vom 24.2.1969, S. 1.

[281] BArch, BL 1/7713, Handschr. Notizensammlung von BG Limberg(?), datiert auf den 15.2.1970, Blatt 1 u. 4. Oberst i.G. Wilhelm Meyn, Referatsleiter Fü L III 1; Generalmajor Walter Roos, Stellvertreter des Inspekteurs der Luftwaffe; Oberst i.G. Friedrich Obleser, Abteilungsleiter „Military Factors" bei der NAMMA und späterer Inspekteur der Luftwaffe (1978-1983). Besonders bemerkenswert ist zudem der hier durchklingende Dualismus zwischen den Unterabteilungen Fü L I („Planung") und Fü L III („Einsatz").

[282] BArch, BL 1/9298, Gesprächsvermerk Fü L/SBWS-MRCA (RDir Eichhorn) zu Austausch BG Limberg und AL Wahl vom 19.2.1970, S. 2.

Mann eine wesentlich bessere Ausnutzung der dem MRCA innewohnenden Fähigkeiten" böte. Die Gruppe kam abschließend *„zu der Empfehlung, nur die Zweisitzer-Version des Flugzeuges unter Anwendung voller Communality des Waffensystems zu entwickeln."*[283]

Die Fügung in den Zweisitzer hatte allerdings auch zur Folge, dass das MRCA absehbar nicht für den Einsatz am und über dem Heer geeignet sein würde. Im Rahmen der Bestrebungen, *„die Einsatzaufgaben des Flugzeuges seinen besten Eigenschaften zuzuordnen"*, kam der Führungsstab nunmehr zur *„Schlussfolgerung: Wegfall der AS/CAS-Mission. Neufassung der „Modes of Employment" für Aufgabe „Battlefield Interdiction" (Tag und Nacht)."*[284]

Der „ruinierte" Entwurf des Flugzeugs, das die Luftwaffenführung ursprünglich entwickeln und beschaffen wollte: Die nie realisierte PA-100 im Zweiseitenriss in der künstlerischen Darstellung, wahrscheinlich aus der ersten Hälfte 1969 und damit ein Jahr vor seiner Streichung.
Quelle: Bestand Panavia / O. Friedrich, Aktenbox 34, unbeschriftete Sammelmappe mit Berichten und Abbildungen zu AVS, NKF und MRCA 1968-1969.

---

[283] BArch, BL 1/9298, Ergebnisbericht Untersuchungen MRCA ohne Autor und Datum, vmtl. Birkenbeil/Trienes oder Krüger, erste Märzhälfte 1970, S. 1.
[284] BArch, BL 1/20222, Vortragsnotiz Fü L/SBWS-MRCA (M Dassler) für UAL Fü L IV vom 2.4.1970.

Die beste Ausnutzung der ihm innewohnenden Fähigkeiten und damit ein dediziertes high-tech-Penetrationsflugzeug: Die PA-200, der spätere TORNADO, im Dreiseitenriss in der künstlerischen Darstellung aus derselben Broschüre wie die PA 100, ca. März 1969.
Quelle: Bestand Panavia / O. Friedrich, Aktenbox 34, unbeschriftete Sammelmappe mit Berichten und Abbildungen zu AVS, NKF und MRCA 1968-1969.

Das Umschwenken auf den Zweisitzer scheint am 16. März 1970 vom neuen Verteidigungsminister Helmut Schmidt angenommen worden zu sein.[285] Anfang Juli 1970 passierte das Vorhaben den Verteidigungsausschuss, nachdem die militärischen und industriellen Vorzüge der gefundenen Lösung von Brigadegeneral Limberg ausgiebig dargelegt worden waren.[286] Am 22. Juli 1970 traten Deutschland, Großbritannien und Italien in die Entwicklungsphase des MRCA ein, 1974 hob der erste Prototyp bei Messerschmitt-Bölkow-Blohm in Manching ab.

---

[285] Ebd.
[286] BArch, BL 1/9320, Vortrag Fü L/SBWS-MRCA (BG Limberg) vor VtgA „Anfang Juli" ohne Datumsangabe.

Bereits im September 1973 waren die ersten F-4F „Phantom II" zugelaufen, die als Ergänzungsmuster für die Übernahme der „Tactical Fighter"-Rolle in die beiden Jagdgeschwader sowie ein Jagdbomber- und ein leichtes Kampfgeschwader eingeführt wurde. Mit der F-4F und der Aussicht auf die Einführung des MRCA waren die Fähigkeiten der taktischen Jagd sowie der konventionellen und nuklearen Wirkung in der Tiefe des gegnerischen Raumes absehbar abgedeckt. Damit konnte das Leistungsportfolio, das bis dato von der F-104G abgebildet wurde, durch die Verteilung auf gleich zwei Muster sogar noch erheblich erweitert werden. Im Bereich der dedizierten Luftnahunterstützung des Heeres bestand allerdings nach wie vor der Ablösungsbedarf für die G.91. Hier schuf die Luftwaffe Ende 1970 dadurch Abhilfe, dass sie ein just in der Konzeption befindliches deutsch-französisches Schulungsflugzeug zum Erdkampfflugzeug umwidmete, das 1973 als ALPHA JET seinen Erstflug absolvierte. Statt des Ende der 1960er vorgesehenen Einheitsnachfolgers für F-104G und G.91 war die Flotte der Luftwaffe so Mitte der 1970er um gleich drei Waffensysteme erweitert worden.[287]

Eine McDonnell Douglas RF-4E Phantom für die Aufklärungsgeschwader 51 „Immelmann" in Bremgarten und 52 in Leck/Nordfriesland bei seiner Auslieferung in St. Louis, 1971.
Bild: Presse- und Informationszentrum der Luftwaffe

Nicht unerwähnt bleiben soll hier, auch wenn es im Folgenden weniger bedeutsam ist, dass die Luftwaffe bereits ab 1971 den Lockheed RF-104G Starfighter in der Aufklärerrolle durch 88 neu beschaffte McDonnell Douglas RF-4E Phantom II ersetzte. Damit schloss sie die „Aufklärerlücke", die der Starfighter angesichts seiner

---

[287] Für die Einführung von F-4F und ALPHA JET vgl. KOMMANDO LUFTWAFFE (2013), S. 114-122.

Fotoausstattung nie füllen konnte. Dieses Luftfahrzeug wurde 1993/93 im Zuge der allgemeinen Reduzierung der Bundeswehr und ihrer Luftwaffe abgegeben – und die dann neu entstandene Lücke in der „abbildenden Aufklärung" musste dann der PA 200 Tornado IDS mit einem von der Marine übernommenen, aber gegenüber der RF-4E deutlich geringeren Leistungsfähigkeit, befüllen.

Dassault / Dornier ALPHA Jet, hier vom Jagdbombergeschwader 49 aus Fürstenfeldbruck, während der Erprobung bei der Erprobungsstelle 61.
Foto: Presse- und Informationszentrum Luftwaffe

10. Zusammenfassung, Bewertung und Einordnung

Ein abschließender Abgleich der ursprünglich im Bundesministerium der Verteidigung gehegten Ziele mit dem Status des MRCA-Programms im Juli 1970 kommt in seiner Gänze zu einem durchaus eindeutigen Befund. Die Hausleitung des Ministeriums vermochte, ihre politische Absicht einer Kooperation mit Großbritannien erfolgreich umzusetzen. Auch die Hauptabteilung Rüstung konnte mit den substantiellen Konsolidierungsbewegungen der deutschen Luftfahrtindustrie und deren zumindest augenscheinlich gleichrangiger Platzierung in einem maßgeblichen europäischen Kooperationsprojekt die gesetzten wirtschaftspolitischen Ziele als erfüllt betrachten. Selbst wenn die amtliche Systemführerschaft für das MRCA nicht – wie es sich die Wehrtechniker ursprünglich für „ihr" NKF erhofft hatten – unter deutscher Leitung stand, sondern auf eine mehrstaatliche Behördenorganisation übergegangen war, boten sowohl die nationalen als auch internationalen Programmstrukturen ausreichend Platz für einen deutlichen Fußabdruck der deutschen Rüster. Die gemeinsame Eingabe der Ministeriellen Engelmann, Scheven und Trienes im Sommer 1969 sowie die Position des Abteilungsleiters „Wehrtechnik" Albert Wahl Anfang 1970 legen nahe, dass der Drang nach einem „eigenen" Projekt durch die gefundene Lösung zumindest ausreichend befriedigt war.

Ambivalenter fällt das Ergebnis für die Luftwaffe aus. Bis Mitte 1970 hatte sich deren Führungsstab nach außen und nicht zuletzt gegenüber dem Parlament voll hinter die Auslegung als technisch komplexes Flugzeug für die konventionelle und nukleare Gefechtsfeldabriegelung gestellt. Die umfangreiche avionische Ausstattung versprach erstmals die wetterunabhängige Fähigkeit zum Kampf gegen nicht vorgeplante Ziele in der Tiefe des generischen Raumes. Diese Kombination aus Flexibilität und Präzision würde es der Luftwaffe zumindest in Teilen ermöglichen, ihren Status als entscheidender „First Responder" aus der Ära der „Massive Retaliation" in die neue Zeit der „Flexible Response" zu überführen. Das MRCA darf damit als vollwertiger Nachfolger der F-104G in ihrer Strike-Rolle gelten, deren altes Manko der mangelnden konventionellen Einsetzbarkeit der TORNADO erfolgreich überwinden konnte.

Legt man hingegen den ursprünglichen Bedarf nach einem wirtschaftlichen, simplen Flugzeugmuster für die Luftnahunterstützung (CAS) und die Luftüberlegenheitsjagd (AS) an, kann das MRCA-Projekt nur als größtmöglicher Fehlschlag gewertet werden. Wie schon der F-104G fehlte dem MRCA sowohl der Ausblick auf einen „wirtschaftlichen Einsatz" bei der Luftnahunterstützung des Heeres (CAS) als auch die Manövrierbarkeit im relevanten Höhenbereich für die Luftüberlegenheitsjagd (AS).

Welche Rückschlüsse lassen sich aus dem beobachteten nun für das Bundesverteidigungsministerium im „Spannungsfeld aus Politik, Wirtschaft und Militär" ziehen? Wie aufgezeigt, wurde das Spannungsfeld – mit all seinem Konfliktpotenzial – bereits innerhalb der Organisation des Ministeriums zwischen der Hausleitung, den beiden Rüstungsabteilungen und dem Führungsstab der Luftwaffe sichtbar.

Die Idee eines internationalen Flugzeugprogramms war primär das Resultat des militärischen Bedarfs der Luftwaffe. Auf der Suche nach einem flexiblen und gleichsam günstigen Flugzeug für die Ära der „Flexible Response" bot sich eine multinationale Kooperation an, um die finanzielle Last auf mehrere Teilnehmerstaaten zu verteilen. Das Augenmerk der Luftwaffenführung fiel rasch auf die F-104G-Konsortialpartner, mit denen man nicht nur bereits zusammenarbeitete und einen gemeinsamen Erfahrungsschatz besaß, sondern auch gemeinsame militärische Anforderungen erwarten konnte. Daher preschte der militärische Bedarfsträger (die Luftwaffe) voran – und konnte den Bedarfsdecker (die zivile Hauptabteilung Rüstung im Ministerium) auf seiner Seite wissen. Denn auch „die Rüster" benötigten Ende der 1960er Jahre dringend ein neues Kampfflugzeugprogramm, um die ihnen gesetzten wirtschaftspolitischen Ziele genauso erfüllen zu können, wie ihr intrinsisches Bestreben nach einem eigenen erfolgreichen Projekt.

Eine wirklich (außen)politische Dimension bekam das Programm allerdings erst durch die Einbindung Großbritanniens. Dass der Inspekteur der Luftwaffe Generalleutnant Johannes Steinhoff – zumal als Mann „*mit besonderem politischen Geschick*"[288] – die außenpolitische Bedeutung einer Kooperation mit dem Vereinigten Königreich bewusst einkalkulierte, um seinem Kampfflugzeugprogramm den nötigen politischen Schub zu verleihen, erscheint nach wie vor wahrscheinlich. Sicher ist jedoch, dass die Zusammenarbeit mit britischen Firmen und der Royal Air Force sowohl militärisch als unter Gesichtspunkten von Ökonomie und Prestige lukrativ war. Zu dieser Einschätzung waren auch die Rüster gekommen, obwohl ihnen die industrielle Übermacht Großbritanniens Anlass zur Sorge gab. Beide Akteursgruppen einte die Erwartung, die Einbindung des Vereinigten Königreiches und damit die „Politisierung" des Programms für sich nutzen oder sie zumindest beherrschen zu können.

In Kombination mit dem Umstand, dass sich die Briten politisch, wirtschaftlich und militärisch in einer ähnlichen Lage befanden, schien damit sowohl auf nationaler als auch internationaler Ebene eine Konvergenz der politischen, wirtschaftlichen und militärischen Ziele gegeben. Die Aussicht auf eine solche Zusammenarbeit schien dabei verheißungsvoll genug, um im Bundesministerium der Verteidigung zur Ausblendung jedweder gegenteiliger Indikation zu führen. Die Unvereinbarkeit wesentlicher wirtschaftlicher und industrieller Ziele Deutschlands und Großbritanniens war dabei von Beginn an erahnbar, ja muss teilweise sogar bereits bekannt gewesen sein. Steinhoff wusste sowohl von den militärischen Bedarfen der RAF als auch dem Existenzkampf der britischen Luftfahrtindustrie, deren Kumulationspunkt in Form des AFVG-Flugzeugs er selbst bei seiner Reise nach Großbritannien in Augenschein genommen und als für die Luftwaffe nicht geeignet befunden hatte. Zusammen mit den Stellungnahmen Bölkows und Wolfs lagen sowohl dem Führungsstab als auch den Rüstern frühzeitig eindeutige Anzeichen für eine substantielle Inkompatibilität der militärischen und wirtschaftlichen Vorstellungen mit Großbritannien vor.

---

[288] Vgl. MÖLLERS (2011), S. 161-167, 174f. Für das Zitat siehe S. 167, FN 87.

Auch wenn sich bis dato keine Anzeichen dafür finden, dass der Impuls für eine Zusammenarbeit mit Großbritannien beim NKF von Verteidigungsminister Gerhard Schröder oder seinem beamteten Staatssekretär Karl-Günther von Hase ausging, schaltete letzterer schnell auf und forcierte das Zustandekommen der politisch lukrativen Kooperation. Diese omnipräsente Kombination aus Euphorie und Selbstbewusstsein auf der einen sowie dem stetig wachsenden Zeitdruck und aktiver Konfliktverdrängung auf der anderen Seite ermöglichte aller sich abzeichnender Zielkonflikte zum Trotz die Zeichnung der ersten Regierungserklärung im Juli 1968. Dabei liegt die Vermutung nahe, dass dieselbe Konstellation ähnlich auch in Großbritannien wirkte.

Als der absichtlich breit interpretierbare Rahmen für das gemeinsame Kampfflugzeugprojekt im Memorandum of Understanding in einen konkreten Programmaufsatz überführt werden sollte, traten die Unvereinbarkeiten bei den wirtschaftlichen und militärischen Vorstellungen deutlich und künftig immer offener zu Tage. Um das Projekt voranzutreiben, war die Auflösung dieser Konflikte durch internationale Verhandlungen allerdings unerlässlich. Die von Rüstern und dem Führungsstab der Luftwaffe geteilte Ansicht, in Großbritannien einen „beherrschbaren" Partner für die Umsetzung der eigenen wirtschaftlichen und militärischen Ziele im Rahmen eines deutsch dominierten NKF-Projekts gefunden zu haben, sollte sich dabei schnell als ebenso naiv wie illusorisch entpuppen. Nachdem die Verhandlungen an die Arbeitsebene delegiert worden waren, schwappte diese Erkenntnis sukzessive an die oberen ministeriellen Sphären bis hin in die Leitungsebene zurück. Für den Führungsstab der Luftwaffe liegt dabei die Vermutung nahe, dass die Existenz abweichender konzeptioneller Vorstellungen für das NKF bei maßgeblichen Akteuren der Arbeitsebene die Offenlegung des Ausmaßes der Differenzen zwischen der britischen und deutschen Vision für das gemeinsame MRCA verzögerte.

Spätestens im Oktober 1968 hatte sich sowohl bei Rüstern als auch im Führungsstab die Einschätzung ergeben, im wirtschaftlichen und militärischen Bereich nicht mehr länger ausreichend mit Großbritannien zu konvergieren, um eine Zusammenarbeit zu rechtfertigen. An der sich bildenden Opposition gegen die MRCA-Zusammenarbeit mit Großbritannien wurde sodann die Dominanz des politischen Pols deutlich. Alternativüberlegungen wurden durch Staatssekretär Carl-Günther von Hase explizit zurückgewiesen. Schon bald hielt sowohl innerhalb des Ministeriums als auch darüber hinaus einzig die politische Weisung das MRCA-Programm zusammen, es ungeachtet aller wirtschaftlichen und militärischen Inkompatibilitäten nicht zum Bruch kommen zu lassen. Dabei ist allerdings auch zu konstatieren, dass genau dieser permanente politische Druck die Grundlage für die Verhandlungsdurchbrüche des späten Jahres 1968 gelegt zu haben scheint.

Die genauen Umstände der politischen und wirtschaftlichen Einigungen zwischen Großbritannien und Deutschland bleiben derweil Forschungsdesiderate, denen wahrscheinlich nur durch Untersuchungen jenseits der hier exklusiv betrachteten Akten des Verteidigungsministeriums entsprochen werden kann.

Für die Fragestellung dieser Arbeit besonders bedeutsam ist die Beobachtung, dass die militärischen Anforderungen dabei in gleichem Maße politischen Kompromissforderungen ausgesetzt waren, wie die wirtschaftlich-organisatorischen Aspekte. Es entsteht jedoch der Eindruck, dass der industriepolitische Konflikt das Programm wesentlich stärker bedrohte als die militärischen Inkompatibilitäten. Diese Konstellation manifestierte sich letztendlich im Abschluss der Definitionsphase, an deren Ende die deutsche Industrie als maßgeblicher Partner in das Projekt eingebunden worden war, die Luftwaffe sich jedoch in eine Flugzeugauslegung fügte, die den ursprünglichen Steinhoff'schen Vorstellungen diametral entgegenstand.

Mit dem Konflikt zwischen Rüstern und Luftwaffe auf der einen und der Hausleitung auf der anderen Seite entwickelte das Spannungsfeld von Politik, Wirtschaft und Militär innerhalb des Verteidigungsministeriums auch eine vertikale, hierarchische Komponente, dessen weitere Betrachtung aus organisationspsychologischer Sicht lohnenswert erscheint. Dies gilt umso mehr, da sich diese hierarchischen Konflikte bis 1970 umfassend ausgeweitet zu haben scheinen. Dies verdeutlicht der gemeinsame Appell der Arbeitsebene von 1969, der nicht mehr nur an die Hausleitung, sondern auch an den Inspekteur der Luftwaffe und den Abteilungsleiter Rüstung, Albert Wahl, gerichtet war. Die Bedeutung, die der ausführenden Ebene im intraministeriellen Spannungsfeld sowohl in seiner horizontalen („Politik, Wirtschaft, Militär") als auch vertikal-hierarchischen Komponente beikommt, darf als eines der interessantesten Erkenntnisse dieser Untersuchung betrachtet werden. Der Einfluss von Akteuren wie Brigadegeneral Horst Krüger, Wehrtechniker Johannes Trienes oder Oberst(-leutnant) Heinz Birkenbeil zeichnet ein Bild, bei dem Motivation, Leistung und damit historische Wirksamkeit einzelner Personen deutlich an Gewicht gewinnen. Die Geschichte von Rüstungsprojekten lohnt damit eine noch stärkere Fokussierung auf die beteiligten Menschen abseits breit exponierter Leitungsfiguren.

Bestes Beispiel dafür bilden die luftwaffeninternen Konstellationen, wie sie in Brigadegeneral Gerhard Limbergs Kommentar des Frühjahrs 1970 deutlich wurden. Sie verstärken den Eindruck, dass im Hintergrund interne Grundsatzstreitigkeiten über die konzeptionelle Auslegung eines Einheitsnachfolgers für F-104G und G.91 ausgetragen wurden. Wie an den Vorüberlegungen des Referates Fü L I 4 deutlich geworden ist, hatte eine technologisch komplexere Auslegung des MRCA scheinbar auch im BMVtg selbst Fürsprecher und die Steinhoff'sche Vorstellung vom NKF damit aus mindestens einer Richtung[289] eine latente Opposition – zumal an so bedeutender Stelle. Daher liegt die Vermutung nahe, dass die Abkehr vom technisch simplen Heeresunterstützungsflugzeuges hin zu einem High-Tech-Jagdbomber für den „Strike"-Einsatz nicht nur für Luftfahrtunternehmen und aus industriepolitischen Erwägungen lukrativ war, sondern auch in Teilen des Führungsstabes selbst Sympathien erfuhr. Schon der „Starfighter" hatte vom Nimbus des Hochtechnologieprodukts an der Grenze des menschlich

---

[289] Zu einer anderen internen möglichen Oppositionsrichtung siehe Fußnote 281 dieser Arbeit.

Beherrschbaren profitiert, das die Aussicht darauf versprach, einem massiv überlegenen Gegner durch fliegerisches Können und furchtloses *„Draufgängertum"*[290] im halsbrecherischen Tiefstflug den „nuklearen Hammerschlag"[291] beizubringen. Hierin kulminierte das Streben der Luftwaffe nach operativer Selbstständigkeit und ihr fester Glauben an den technischen Vorsprung als militärischer Vorteil. In dieses Bild fügte sich die letztendliche Auslegung des MRCA wesentlich besser als das ursprüngliche NKF-Konzept Steinhoff'scher Prägung. Die Genese der militärischen Anforderungen sowie die Hintergründe und Netzwerke der dabei involvierten Akteure im Führungsstab bleiben daher bedeutende Untersuchungsgegenstände für die weitere Erforschung des MRCA.

Gleichzeitig stellt sich die Frage, inwieweit ähnliche Dynamiken auch in den zivilen Bereichen des BMVtg wirkten. Bestanden analoge Gräben zwischen den Abteilungen W und T und wenn ja, entlang welcher Fragen? Wie ist die in der vorliegenden Untersuchung erkennbare Zusammenarbeit zwischen zivilen Beamten und Angehörigen des Führungsstabes auf der Arbeitsebene einzuordnen? Welche Rückschlüsse lassen sich daraus auf mögliche *„tribal cultures"*[292] innerhalb des Verteidigungsministeriums ziehen? Kurzum: Eine vertiefende Untersuchung und Analyse dieses „Binnenkosmos" erscheint gleichsam vielversprechend und notwendig.

Der Versuch, die im Rahmen dieser Arbeit gewonnenen Erkenntnisse mit den Rüstungsprojekten F-104G und EUROFIGHTER in einen Zusammenhang zu bringen, lässt rasch Kontinuitäten sichtbar werden. Mit der Beschaffung des „Starfighter" hatte die Bundesrepublik militärisch und luftfahrtindustriell wieder zu seinen maßgeblichen Verbündeten aufgeschlossen. Mit dem NKF- bzw. MRCA-Programm wollten Politik, Wirtschaft und Militär gleichermaßen dem Status der reinen Käufernation entwachsen und Deutschland in den Kreis der Entwicklernationen heben. Aus unterschiedlichen politischen, wirtschaftlichen und militärischen Gründen kam ein nationaler Alleingang dabei jedoch nicht in Frage. Das Resultat war ein europäisches Programm, das rasch eine immense politische Symbolwirkung gewann und politisch „too big to fail" wurde. Während das wirtschaftliche Interesse einer auskömmlichen Beteiligung der deutschen Luftfahrtindustrie durch deren politische Sponsoren auch weiterhin ein vitales Nebenziel bildete, wurde die ursprüngliche militärische Forderung eines simples Heeresunterstützungsflugzeuges sukzessive marginalisiert. Dabei ist jedoch erahnbar geworden, dass dieser Prozesse nicht nur Ergebnis der Dominanz des politischen und wirtschaftlichen Pols war, sondern in Teilen auch auf eine interne militärische Opposition gegen die Philosophie des Steinhoff'schen NKF zurückführbar ist.

Mit dem MRCA hatte die Bundesrepublik große Luftrüstungskooperationen als Mittel der Außen-, Europa- und Wirtschaftspolitik entdeckt und zumindest aus dieser Perspektive auch erfolgreich zur Anwendung gebracht. Dieses Kooperationsmodell sollte sich im späteren EUROFIGHTER-Programm fortsetzen.

---

[290] Zu diesem historischen Topos der Luftwaffe vgl. WEHNER (2022), S. 425-429.
[291] Für diese Bedeutung des „Strike" vgl. LEMKE (2006), S. 199-202.
[292] Für das Konzept vgl. NEITZEL (2022), S. 19f.

Besonders interessant sind dabei die militärisch-konzeptionellen Zusammenhänge. Durch die absehbar mangelnde Eignung des MRCA für den Einsatz als taktischer Jäger zeichnete sich bereits Ende der 1960er ein Fehl ab, das übergangsweise durch die technisch in die Jahre gekommene, aber dafür risikoarme McDonnell F-4F Phantom II abgedeckt werden sollte. Damit war der Grundstein der „Jägerlücke" gelegt, für deren Schließung Ende der 1970er das „Taktische Kampfflugzeug" (TKF) ersonnen wurde – der spätere EUROFIGHTER. Dessen Entstehung sollte sowohl politisch als auch wirtschaftlich und militärisch maßgeblich durch den Verlauf des MRCA-Projektes beeinflusst sein. Mit dem TORNADO fliegt das MRCA nicht nur nach wie vor in der Luftwaffe, seine Entstehung prägt die deutsche Luftrüstung bis heute.

Anhang

Abkürzungs- und Begriffsverzeichnis

Abkürzung/ Begriff	Auflösung bzw. Erklärung
AA	Auswärtiges Amt
AC	Air Commodore, entspricht dem deutschen „Brigadegeneral"
AFVG	Anglo French Variable Geometry, britisch-französisches Flugzeugprojekt aus der Mitte der 1960er Jahre
AG NKF	Arbeitsgruppe „Neues Kampfflugzeug" im BMVtg unter Federführung der Unterabteilung T IV (Luftfahrttechnik)
AL	Abteilungsleiter
AS	Air Superiority/Luftüberlegenheit
Avionik	Die Summe der im Flugzeug verbauten elektronischen Steuerungs-, Regel- und Unterstützungssysteme und damit das "Nervensystem" des Luftfahrzeuges. Prominente Beispiele sind Sensoren (bspw. Radar), Flugrechner und Navigations-ausstattung
AVS	Advanced Vertikal Strike – deutsch-US-amerikanisches Entwicklungsprogramm aus der Mitte der 1960er Jahre für ein Flugzeug der nächsten Generation
BAC	British Aircraft Cooperation, nach einer Fusionswelle in den 1960er Jahren das größte britische Luftfahrtunternehmen
BArch	Bundesarchiv-Militärarchiv
BG	Brigadegeneral
BM	Bundesminister
BMVtg	Bundesministerium der Verteidigung (zeitgen. Abkürzung)
BMWi	Bundesministerium für Wirtschaft
BoD	Board of Directors
BRD	Bundesrepublik Deutschland
BVR	Bundesverteidigungsrat, seit 1969 Bundessicherheitsrat (BSR)
CAS	Close Air Support, Luftnahunterstützung
EWG	Europäische Wirtschaftsgemeinschaft
EWR	Entwicklungsring Süd GmbH, als Entwicklungsgemeinschaft der anfangs noch eigenständigen Unternehmen Heinkel, Messerschmitt und Bölkow Anfang der 1960er Jahre gegründet, nach

Ausscheiden von Heinkel und deren Integration in das Nordcluster VFW neben Dornier das maßgebliche luftfahrtindustrielle Cluster im Süden Deutschlands. Keimzelle der sukzessiven Fusion von Messerschmitt, Bölkow und Blohm zur Messerschmitt-Bölkow-Blohm GmbH

FN	Fußnote
Fü L	Führungsstab der Luftwaffe im Bundesministerium der Verteidigung. 2012 als „Kommando Luftwaffe" aus dem Ministerium ausgegliedert
Fü L I	Unterabteilung „Planung" im Führungsstab der Luftwaffe
Fü L I 4	Referat „technisch-taktische Forderungen" im Führungsstab der Luftwaffe
Fü L/SBWS-NKF	Organisationselement des Sonderbeauftragten für das Waffensystem „Neues Kampfflugzeug" im Führungsstab Luft-waffe, das neben dem Sonderbeauftragten zunächst noch dessen Stellvertreter und bald darauf einen wachsenden Stab von Fachverantwortlichen umfassen sollte
Fü S	Führungsstab Streitkräfte, das Äquivalent der Führungsstäbe für die Inspekteure der Teilstreitkräfte für den Generalinspekteur der Bundeswehr, zuständig u.a. für die Gesamtstreitkräfteplanung
H	Abteilung „Haushalt" im BMVtg
HAL (II)	Hauptabteilungsleiter II „Rüstung" im BMVtg. Die Hauptabteilung II umfasste die Abteilungen „Wehrtechnik" (T) und „Wehrwirtschaft" (W)
HFB	Hamburger Flugzeugbau GmbH
ICCWG	Interim Consortium Canadian Working Group, ab März 1968 in Köln-Wahn tagende internationale Arbeitsgruppe der Partnernationen Belgien, Italien, Deutschland, den Niederlanden und Kanada zur gemeinsamen Konzeption eines Einheitsnachfolgers für die F-104G. Im BMVtg nach dem dort kurz intern verwendeten Arbeitstitel für das neue Kampfflugzeug auch „Arbeitsgruppe Hornisse" genannt. Nach Beitritt Großbritanniens im Juli 1968 in die „Joint Working Group" umgegliedert und nach München verlegt
ID	Interdiction, Gefechtsfeldabriegelung
InspLw	Inspekteur der Luftwaffe
IPM	International Programme Manager
JWG	Joint Working Group

leKG	Leichtes Kampfgeschwader, die konventionellen Heeres-unterstützungsverbände der Luftwaffe, ausgerüstet mit Flugzeugen vom Typ G.91
M	Major
MeBö	Messerschmitt-Bölkow
MinDir	Ministerialdirigent, Amtsbezeichnung mit dem groben militärischen Entsprechungsdienstgrad „Brigadegeneral".
MoU	Memorandum of Understanding, Regierungserklärung
MR	Ministerialrat, Amtsbezeichnung (militärischer Entsprechungsdienstgrad grob „Oberst".
MRA	Multi Role Aircraft, bis Juli 1968 die Bezeichnung für das spätere MRCA
MRCA	Multi Role Combat Aircraft
MWG	Management Working Group
NAMMA	NATO Multi Role Combat Aircraft Development and Production Management Agency
NKF	Neues Kampfflugzeug, erst die im BMVtg gebräuchliche Bezeichnung für den zu entwickelnden Einheitsnachfolger für F-104G und G.91, später zum nationalen Alternativpro-gramm für das internationale MRCA erhoben
NPG	Nukleare Planungsgruppe der NATO
OEO	Operational Equipment Objectives, Liste mit allgemeinen Anforderungen der internationalen Partner an das MRA/MRCA
OER	Operational Equipment Requirements, eine technische Präzisierung der OEO
ORR	Oberregierungsrat, Amtsbezeichnung (militärischer Entsprechungsdienstgrad grob „Oberstleutnant")
OTL	Oberstleutnant
RAF	Royal Air Force, britische Luftwaffe
Ref. b. HAL II	Referat beim Hauptabteilungsleiter II, später ZRü, 1968 eigens für die Koordination der Abteilungen T und W beim HAL II aufgestellt
S / „Strike"	Atomwaffeneinsatz im NATO-Rahmen, im Untersuchungs-zeitraum klassischerweise gegen vorgeplante Ziele
SBWS	Systembeauftragter für das Waffensystem, erstmals 1966 vor dem Hintergrund der Starfighter-Krise eingeführt, um Fach- und Entscheidungskompetenz für die Betreuung eines Waffensystems an einer zentralen Stelle im Führungsstab der Luftwaffe zu bündeln

SBWS-NKF/MRCA	Systembeauftragter für das Waffensystem „Neues Kampfflugzeug/Multi Role Combat Aircraft", 1968 als Dienstposten geschaffen, 1987 als SBWS-MRCA aufgelöst
SEP	Specific Excess Power, Kennzahl für das Steigverhalten eines Flugzeugs
SPO	System Programme Office (im BMVtg auch „amtliche Systemführung), die zentrale behördliche Organisation zur „kundenseitigen" Steuerung des MRCA-Projektes. 1969 als NAMMA umgesetzt
SteerCo	Steering Committee
Sts	Staatssekretär, hier ist dabei immer der damals noch einzige beamtete Staatssekretär im BMVtg gemeint
T	Abteilung „Wehrtechnik" im BMVtg
T IV	Unterabteilung Luftfahrttechnik der Abteilung Wehrtechnik
T IV 2	Referat Luftfahrtzeuge in der Unterabteilung Luftfahrttechnik
Tgb.	Tagebuch, hier Tagebuch des Inspekteurs der Luftwaffe
TOW	Take-off Weight (Abfluggewicht mit Kraftstoff, Waffen und ggf. weiterer Zuladung)
TSR2	(vermutlich) Tactical Strike/Reconaissance, britisches Flugzeugentwicklungsprojekt der späten 1950er und frühen 1960er Jahre
UAL	Unterabteilungsleiter
VFW	Vereinigte Flugtechnische Werke, maßgebliches luftfahrt-industrielles Firmen-Cluster im Norden Deutschlands
VG	Variable (Flugzeug-)Geometrie durch schwenkbare Flügel
VtgA	Verteidigungsausschuss des Deutschen Bundestages
VTOL	Vertical Take-off and Landing, Senkrechtstart und -landung
W	Abteilung „Wehrwirtschaft" im BMVtg
ZRü	(vermutlich) Zentrale Rüstungsfragen, noch 1968 als Folgebezeichnung für das Referat beim Hauptabteilungsleiter II eingeführt

Quellenverzeichnis

Akten aus dem Bundesarchiv-Militärarchiv in Freiburg im Breisgau:
BL 1 – Führungsstab der Luftwaffe
BW 1 – Bundesministerium der Verteidigung, Leitung

BL 1/13554
BL 1/1366
BL 1/14707
BL 1/18760
BL 1/18761
BL 1/18762
BL 1/18763
BL 1/18766
BL 1/20222
BL 1/4050a
BL 1/7482
BL 1/7486
BL 1/7487
BL 1/7584
BL 1/7588

BL 1/7589
BL 1/7625
BL 1/7713
BL 1/7721
BL 1/9296
BL 1/9298
BL 1/9320
BW 1/181344
BW 1/181399
BW 1/181401
BW 1/181402
BW 1/384103
BW 1/583220
BW 1/583817
BW 1/583830

Literaturverzeichnis

Zeitungs- und Zeitschriftentitel werden nicht gesondert aufgeführt, sondern vollumfänglich mit Titel in den Anmerkungen genannt.

ANDRES, Christopher M. (1996): Die bundesdeutsche Luft- und Raumfahrtindustrie 1945-1970. Ein Industriebereich im Spannungsfeld von Politik, Wirtschaft und Militär (Münchner Studien zur neueren und neusten Geschichte, Bd. 15); Frankfurt am Main.

BAE SYSTEMS (2022a): British Aircraft Corporation; online unter: <https://www.baesystems.com/en/heritage/british-aircraft-corporation> [Stand: 25. August 2023].

BIRK, Eberhard (2012): Steinhoff und sein "Bild des Offiziers in der Luftwaffe". In: Eberhard Birk/Heiner Möllers/Wolfgang Schmidt (Hrsg.): Die Luftwaffe zwischen Politik und Technik (Schriften zur Geschichte der Deutschen Luftwaffe, Bd. 2); Berlin.

BRUNN, Gerhard (2002): Die Europäische Einigung von 1945 bis heute; Stuttgart.

BUNDESARCHIV (2023a): Kabinettsprotokolle 1969. 4. Kabinettssitzung am Mittwoch den 5. November 1969; online unter: <https://www.bundesarchiv.de/cocoon/barch/0000/k/k1969k/kap1_2/kap2_39/para3_4.html?highlight=true&search=bmvg&stemming=true&field=all#highlightedTerm> [25.8.2023].

BUNDESARCHIV (2023b): Schiffers, Hansgeorg; online unter: <https://www.bundesarchiv.de/cocoon/barch/z01/z/z1961z/kap1_7/para2_66.html> [12.8.2023].

CARSTENS, Karl (1993): Erinnerungen und Erfahrungen (Schriften des Bundesarchivs, Bd. 44); Boppard am Rhein.

COOPER, Frank (1993): The Direction of the Air Policy in the 1950s and 1960s. Lecture by Sir Frank Cooper. In: The Proceedings of the Royal Air Force Historical Society, Heft 11, S. 10-22.

COOPER, Frank (1998): TSR2 and Whitehall. In: The Proceedings of the Royal Air Force Historical Society, Heft 17B, S. 35-44.

EICHHORN, Joachim S. (2009): Durch alle Klippen hindurch zum Erfolg. Die Regierungspraxis der ersten Großen Koalition (1966-1969), Bd. 79); München.

HANDBUCH DER BUNDESWEHR (1972) Bonn.

HANDBUCH DER BUNDESWEHR (1976) Bonn/Koblenz.

HEATH, Ollie (1998): Design and Development of the TSR2 Airframe. In: The Proceedings of the Royal Air Force Historical Society, Heft 17B, S. 81-106.

HERON, Jock (2002): Eroding the Requirement. In: The Proceedings of the Royal Air Force Historical Society, Heft 27A, S. 10-12.

HIMMELHEBER, Heinrich (1977): Die Organisation der Rüstungsplanung und Rüstungsbeschaffung in der Bundesrepublik Deutschland am Beispiel des Beschaffungsprogramms "MRCA Tornado" für die Bundeswehr; Konstanz.

KOMMANDO LUFTWAFFE (2013): Chronik Führungsstab der Luftwaffe von 1955 bis 2012; Berlin-Gatow, Köln-Wahn.

KROEGEL, Dirk (1997): Einen Anfang finden! Kurt Georg Kiesinger in der Aussen- und Deutschlandpolitik der Grossen Koalition (Studien zur Zeitgeschichte, Bd. 52); München.

KRÜGER, Dieter (2006): Der Strategiewechsel der Nordatlantischen Allianz und die Luftwaffe. In: Militärgeschichtliches Forschungsamt (Hrsg.): Die Luftwaffe 1950 bis 1970 (Sicherheitspolitik und Streitkräfte der Bundesrepublik Deutschland, Bd. 2); München, Potsdam.

KRÜGER, Dieter (2008): Schlachtfeld Bundesrepublik? Europa, die deutsche Luftwaffe und der Strategiewechsel der NATO 1958 bis 1968. In: Vierteljahrshefte für Zeitgeschichte, Bd. 56, Heft 2, S. 171-225.

LEMKE, Bernd (2006): Konzeption und Aufbau der Luftwaffe. In: Militärgeschichtliches Forschungsamt (Hrsg.): Die Luftwaffe 1950 bis 1970 (Sicherheitspolitik und Streitkräfte der Bundesrepublik Deutschland, Bd. 2); München, Potsdam.

LOCH, Thorsten (2017): Clemens Range, Kriegsgedient. Die Generale und Admirale der Bundeswehr, Müllheim: Translimes Media 2013, 647 S., EUR 44,90 [ISBN 978-3-00-043646-8]. In: Militaergeschichtliche Zeitschrift, Bd. 76, Heft 1, S. 365-368.

MEARS, Wally (1998): The History of the Project and the Operational Requirement. In: The Proceedings of the Royal Air Force Historical Society, Heft 17B, S. 12-15.

MECHTERSHEIMER, Alfred (1977): MRCA Tornado: Rüstung und Politik in der Bundesrepublik. Geschichte und Funktion des größten westeuropäischen Rüstungsprogrammes; Bad Honnef.

MÖLLERS, Heiner (2011): "Ein unbequemer Mann!". General Johannes Steinhoff. In: Eberhard Birk/Heiner Möllers/Wolfgang Schmidt (Hrsg.): Die Luftwaffe in der Moderne (Schriften zur Geschichte der Deutschen Luftwaffe, Bd. 1); Essen.

MÖLLERS, Heiner (2012): Auswege aus der "Starfighter-Krise". General Steinhoffs Ringen um Befugnisse. In: Eberhard Birk/Heiner Möllers/Wolfgang Schmidt (Hrsg.): Die Luftwaffe zwischen Politik und Technik (Schriften zur Geschichte der Deutschen Luftwaffe, Bd. 2); Berlin.

MOORE, Richard (2015): F-111K. Britain's Lost Lost Bomber. In: Air Power Review, Bd. 18, Heft 3, S. 10-28.

NEITZEL, Sönke (2022): Deutsche Krieger. Vom Kaiserreich zur Berliner Republik : eine Militärgeschichte; Berlin.

NORTH ATLANTIC MILITARY COMMITTEE (1968): Final Decision on MC 14/3. A Report by the Military Committee to the Defence Planing Committee on overall strategic concept for the defense of the North Atlantic Treaty Organisation; online unter: <https://www.nato.int/docu/stratdoc/eng/a680116a.pdf> [25.8.2023].

OPPELLAND, Torsten (2002): Gerhard Schröder (1910-1989). Politik zwischen Staat, Partei und Konfession (Forschungen und Quellen zur Zeitgeschichte, Bd. 39); Düsseldorf.

PACHOLKE, Siegfried (2006): Vom leichten Kampfgeschwader zum Tactical Fighter. In: Militärgeschichtliches Forschungsamt (Hrsg.): Die Luftwaffe 1950 bis 1970 (Sicherheitspolitik und Streitkräfte der Bundesrepublik Deutschland, Bd. 2); München, Potsdam.

RAABE, Thomas (2019): Bedingt einsatzbereit? Internationale Rüstungs-kooperationen in der Bundesrepublik Deutschland (1979-1988) (Krieg und Konflikt, Bd. 7); Frankfurt am Main.

RAABE, Thomas (2020): Hochfliegende Ambitionen. Die Bundesregierung und das Airbus-Projekt (1969-1981); Frankfurt am Main.

RANGE, Clemens (2013): Kriegsgedient. Die Generale und Admirale der Bundeswehr; Müllheim-Britzingen.

RUDOLF, Walter (1967): Tiefflug als Taktik. Im Übungsflug über West-deutschland. In: Kurt Neher/Karl H. Mende (Hrsg.): Jahrbuch der Luftwaffe (Bd. 4); Darmstadt.

SCHREIBER, Dirk (2018): Die Luftwaffe und ihre Doktrin. Einsatzkonzeptionen bis 1971 (Schriften zur Geschichte der Deutschen Luftwaffe, Bd. Band 7); Berlin.

SIANO, Claas (2016): Die Luftwaffe und der Starfighter. Rüstung im Spannungsfeld von Politik, Wirtschaft und Militär (Schriften zur Geschichte der Deutschen Luftwaffe, Bd. 4); Berlin.

SPIEGEL (1961): Der Weg nach oben, Heft 39/1961; online unter: <https://www.spiegel.de/politik/der-weg-nach-oben-a-42522d5e-0002-0001-0000-000043366350?context=issue> [12.8.2023].

SPIEGEL (1997): Taube im Stahlhelm, Heft 6 /1997; online unter: <https://www.spiegel.de/politik/taube-im-stahlhelm-a-4f108bdf-0002-0001-0000-000008653790> [3.4.2022].

SPOERER, Mark/VERVLOED, Erwin (2021): Vom ‚Nationalsozialistischen Muster-betrieb' zu Zwangsarbeit unter Tage. Das Regensburger Messerschmitt-Werk und der Einsatz von KZ-Häftlingen in Mauthausen-Gusen. In: Reinhard Hanausch/Bernhard Lübbers/Roman P. Smolorz/Mark Spoerer (Hrsg.): Überleben durch Kunst (Kataloge und Schriften der Staatlichen Bibliothek Regensburg, Bd. 7); Regensburg, 2. Auflage.

STEINHOFF, Johannes/POMMERIN, Reiner (1992): Strategiewechsel: Bundes-republik und Nuklearstrategie in der Ära Adenauer-Kennedy; Baden-Baden.

STEWART, William (2002): Evolution of the Tornado Project. In: The Proceedings of the Royal Air Force Historical Society, Bd. 27A, S. 23-30.

TEUBER, Reinhard. Die Bundeswehr 1955-1995. Norderstedt 1996 (= Schriften-reihe Führung und Truppe, Band 5).

TRIENES, Johannes (1968): Die deutschen Senkrechtstartflugzeuge. In: Theodor Benecke/Albert Wahl (Hrsg.): Jahrbuch der Wehrtechnik (Bd. 3); Darmstadt.

WEHNER, Jens (2022): »Technik können Sie von der Taktik nicht trennen«. Die Jagdflieger der Wehrmacht (Krieg und Konflikt, Bd. 15); Frankfurt, New York.

WILHELMS, Horst (1969): Time Over target: 0935Z. Jagdbomber-Piloten mit dem "Starfighter" im konventionellen Einsatz. In: Kurt Neher/Karl H. Mende (Hrsg.): Jahrbuch der Luftwaffe (Bd. 6); Darmstadt.

WILSON, George (1998): A System Study of TSR2. In: The Proceedings of the Royal Air Force Historical Society, Heft 17B, S. 16-26.

WINTZER, Joachim (2010): Zwischen Mauerbau und NATO-Doppelbeschluss: Der Außen- und Sicherheitspolitiker Gerhard Schröder ("Dem Staate verpflichtet" – zum 100. Geburtstag von Gerhard Schröder); Bonn.

ZDF (2021): Karl-Günther von Hase. Ehemaliger ZDF-Intendant (1977-1982), Diplomat und Staatssekretär a.D.; online unter: <https://presseportal.zdf.de/biografien/uebersicht/hase-karl-gunther-von> [25.8.2023].

Carola Hartmann Miles-Verlag

Schriften zur Geschichte der Deutschen Luftwaffe

Band 2: *Die Luftwaffe zwischen Politik und Technik.* Hrsg. von Eberhard Birk, Heiner Möllers und Wolfgang Schmidt, Berlin 2012.

Band 3: *Luftwaffe und Luftkrieg.* Hrsg. von Eberhard Birk und Heiner Möllers, Berlin 2015.

Band 4: **Claas Siano**, *Der Starfighter und die Luftwaffe. Rüstung im Spannungsfeld von Politik, Wirtschaft und Militär.* Berlin 2016.

Band 5: *Luftwaffenoffizier 21. Das Selbstverständnis des Luftwaffenoffiziere zu Beginn des 21. Jahrhunderts.* Hrsg. von Eberhard Birk und Peter Andreas Popp unter Mitwirkung von André Tiburcio, Berlin 2016.

Band 6: *Luftwaffe und Luftverteidigung.* Hrsg. von Heiner Möllers und Eberhard Birk, Berlin 2017.

Band 7: **Dirk Schreiber**, *Die Luftwaffe und ihre Doktrin. Einsatzkonzeptionen bis 1971*, Berlin 2018.

Band 8: **Hans-Werner Ahrens**, *Die Transportflieger der Luftwaffe 1956 bis 1971. Konzeption – Aufbau – Einsatz*, Berlin 2019.

Band 9: **Hans-Werner Ahrens**, *Die Rettungsflieger der Luftwaffe 1956-1971. Konzeption – Aufbau – Einsatz*, Berlin 2019.

Band 10: *Die Luftwaffe und ihre Traditionen.* Hrsg. und eingeleitet von Heiner Möllers und Eberhard Birk, Berlin 2019.

Band 11: **Daniel Schilling**, *Die Rudel-Affäre 1976. Genese, Wirkung und Folgen eines politischen Skandals.* Hrsg. und eingeleitet von Heiner Möllers und Eberhard Birk, mit einem Vorwort von Sönke Neitzel, Berlin 2020.

Einsatzerfahrungen

Artur Schwitalla, *Afghanistan, jetzt weiß ich erst...*, Berlin 2010.

Sascha Brinkmann, Joachim Hoppe (Hg.), *Generation Einsatz. Fallschirmjäger berichten ihre Erfahrungen aus Afghanistan*, Berlin 2010.

Ingo Werners, *Fahren, Funken, Feuern. Hinweise auf die Einsatzvorbereitung*, Berlin 2010.

Rainer Buske, *KUNDUZ. Ein Erlebnisbericht über einen militärischen Einsatz der Bundeswehr in Afghanistan im Jahre 2008*, Berlin 2015.

Marcel Bohnert, Andy Neumann, *German Mechanized Infantry on Combat Operations in Afghanistan*, Berlin 2016.

Alois Bach, Carola Hartmann (Hrsg.), *Unbekannte Helden des Alltags. Soldaten und Ehefrauen berichten über Verantwortung, Humanität und Belastung im Auslandseinsatz*, Berlin 2020.

Kurt Helmut Schiebold, *99 Tage in Afghanistan. Wie der deutsche Einsatz 2003 im Nordosten Afghanistans begann. Aus meinem Tagebuch,* Berlin 2022.

Christian Gerstner, *Unter dem Schwert. 15 Jahre im Kommando Spezialkräfte,* Berlin 2023.

Militärgeschichte

Eberhard Kliem, Kathrin Orth, *"Wir wurden wie blödsinnig vom Feind beschossen". Menschen und Schiffe in der Skagerrakschlacht 1916,* Berlin 2016.

Hans Frank, Norbert Rath, *Kommodore Rudolf Petersen. Führer der Schnellboote 1942–1945. Ein Leben in Licht und Schatten unteilbarer Verantwortung,* Berlin 2016.

Eckhard Lisec, *Der Völkermord an den Armeniern im 1. Weltkrieg – Deutsche Offiziere beteiligt?,* Berlin 2017.

Ingo Pfeiffer, *Heinz Neukirchen. Marinekarriere an wechselnden Fronten,* Berlin 2017.

Joachim Welz, *Erfolgsstory oder Trauma – die Übernahme von Armeen. Lehren aus der Übernahme des österreichischen Bundesheeres in die Wehrmacht 1938 und der Reste der NVA in die Bundeswehr 1990,* Berlin 2018.

Joachim Hoppe, Manfred Wilde (Hrsg.), *Die Unteroffizierschule des Heeres, Die militärische Meisterschule,* Berlin 2016.

Georg Neuhaus, *Am Anfang war ein Speer. Eine Chronographie der Kriegs- und Militärtechnologien,* Berlin 2018.

Hans-Werner Ahrens, *Die Transportflieger der Luftwaffe 1956 bis 1971. Konzeption – Aufbau – Einsatz, (Reihe Schriften zur Geschichte der Deutschen Luftwaffe, Band 8),* Berlin 2019.

Jobst Reller, *Die Anfänge der evangelischen Militärseelsorge,* Berlin ²2020.

Eberhard Frhr. v. Senden, Friedrich Frhr. v. Senden, *Der Erste Weltkrieg 1914–1918. Erlebnisse eines jungen Leutnants,* Berlin 2020.

Hans-Günter Behrendt, *Flugabwehr in Deutschland. Stationierungsorte und Systeme 1956-2012,* Berlin 2021.

Harald Fritz Potempa, *Balkan 1914-1945. Raum und Kleiner Krieg als militärhistorische Kategorien in der Wahrnehmung deutscher Streitkräfte,* Berlin 2021.

Stephan Horn, *Französische und wallonische Freiwilligenverbände im Zweiten Weltkrieg. Politische Implikationen militärischer Kollaboration,* Berlin 2021.

Jörg Beining, *Streng geheim! Elektronische Kampfführung im Kalten Krieg. Die EloKa der Bundeswehr und NATO aus östlicher Perspektive,* Berlin 2021.

Gerd Bolik, *NATO-Planungen für die Verteidigung der Bundesrepublik Deutschland im Kalten Krieg,* Berlin 2021.

Martin Kutz, *Die Schlacht als Männerballett oder Mythos und Militär,* Berlin 2022.

Olaf Rönnau, *Eine totale Institution als Zwischenspiel. Die Kadettenschule der NVA von ihrer Gründung 1956 bis zu ihrer Auflösung 1961,* Berlin 2022.

Stephan Maninger, *Für einige Morgen aus Eis und Schnee – Großbritanniens Kampf um Nordamerika 1754-1763,* Berlin 2022.

Friederike C. Hartung & Servatius Maeßen (Hrsg.), *AT BATTLE STATIONS. Beiträge zur Geschichte der bodengebundenen Luftverteidigung der Luftwaffe 1990 bis 2022,* Berlin 2023.

Olaf Rönnau, *Oberst Franz Weller (1901-1994) vom Kadettenkorps zur Bundeswehr. Soldat in drei Armeen. Erinnerungen an den ersten Kommandeur Infanterieschule Hammelburg (1956-1957),* Berlin 2023.

Alexander Querengässer, *Große Schlachten und Belagerungen der Weltgeschichte,* Berlin 2024.

Erinnerungen

Blue Braun, *Erinnerungen an die Marine 1956–1996,* Berlin 2012.

Rainer Buske, *Eine Reise ins Innere der Bundeswehr. Wundersame Geschichten aus einer anderen Welt,* Berlin 2016.

Heinz Laube, *Duell am Himmel,* Berlin 2016.

Viktor Toyka, *Dienst in Zeiten des Wandels. Erinnerungen aus 40 Jahren Dienst als Marineoffizier 1966-2000,* Berlin 2017.

Hans-Eckhard Tribess (Hrsg.), *Im Leben unterwegs – für den Frieden. Festschrift für Wolfgang Altenburg zum 90. Geburtstag am 22. Juni 2018,* Berlin 2019.

Kurt Graf v. Schweinitz, *Notizen im Transit von Krieg und Frieden,* Berlin 2020.

Karl-Otto Behrendt, *Der kurze Bericht über eine lange Zeit. Kriegsgefangenschaft 1945–1953, herausgegeben und kommentiert von Hans-Günter Behrendt,* Berlin 2021.

Hans Peter von Kirchbach, *Herz an der Angel,* Berlin 2021.

Dieter Wolf, *Erlebnisse eines MAD-Offiziers und Leistungssportlers,* Berlin 2022.

Klaus Beckmann, *Dienstweg – kein Durchgang? Als Pfarrer und Staatsbürger in der Bundeswehr,* Berlin 2022.

Bernhard R. Kroener, *Lebensscherben – Hoffnungsspuren. Eine Familie aus Schlesien in den Stürmen des 20. Jahrhundert. In zwei Bänden. Eine dokumentarische Erzählung. Mit einer Familienstammfolge von Peter Bahl,* Berlin 2023.

Schriften zur Tradition

Eberhard Birk, Winfried Heinemann, Sven Lange (Hrsg.), *Tradition für die Bundeswehr. Neue Aspekte einer alten Debatte,* Berlin 2012.

Donald Abenheim, Uwe Hartmann (Hrsg.), *Tradition in der Bundeswehr. Zum Erbe des deutschen Soldaten und zur Umsetzung des neuen Traditionserlasses,* Berlin 2018.

Joachim Welz, *Vom Kontingentsheer zum Reichsheer: Militärkonventionen als Motor der Wehrverfassung,* Berlin 2018.

Donald Abenheim, Uwe Hartmann, *Einführung in die Tradition der Bundeswehr. Das soldatische Erbe in dem besten Deutschland, das es je gab,* Berlin 2019.

Eberhard Birk, Heiner Möllers (Hrsg.), *Die Luftwaffe und ihre Traditionen (aus der Reihe Schriften zur Geschichte der Deutschen Luftwaffe, Band 10)*, Berlin 2019.

Hans-Günter Behrendt (Hrsg.): *Erinnerungsorte der Bundeswehr – Personen, Ereignisse und Institutionen der soldatischen Traditionspflege*, Berlin 2020.

Dirk Drews, Stefan Gruhl (Hrsg.): *Oberst Reinhard Hauschild 1921–2005. Traditionsstifter für die Bundeswehr? Gedenkschrift zum 100. Geburtstag*, Berlin 2021.

Dieter Krüger, *Verständigung mit Frankreich. Das vergebliche Plädoyer des Oberst Dr. Hans Speidel. Paris 1940–1942*, Berlin 2021.

Martin Kutz, *Besuch im Soldatenhimmel. Ein wissenschaftlicher Reisebericht aus einer anderen Welt*, Berlin 2022.

Sicherheitspolitik

Wolf Graf v. Baudissin, *Grundwert: Frieden in Politik – Strategie – Führung von Streitkräften*, herausgegeben von Claus von Rosen, Berlin 2014.

Dirk Freudenberg, *Theorie des Irregulären – Erscheinungen und Abgrenzungen von Partisanen, Guerillas und Terroristen im Modernen Kleinkrieg sowie Entwicklungstendenzen der Reaktion, (3 Bände)*, Berlin 2017.

Markus Reisner, *Robotic Wars – Legitimatorische Grundlagen und Grenzen des Einsatzes von Military Unmanned Systems in modernen Konfliktszenarien*, Berlin 2018.

Helmut Fiedler, *Military Assistance – eine moderne Einsatzart zwischen Anspruch und Wirklichkeit*, Berlin 2019.

Joachim Weber (Hrsg.), *Konfliktraum Arktis. Die Großmächte und der Hohe Norden*, Berlin 2021.

Thomas Jäger, Ralph Thiele (Hrsg.), *Der Politische Islamismus als hybrider Akteur globaler Reichweite. Die liberale demokratische Ordnung muss ihre Resilienz stärken*, Berlin 2021.

Uwe Hartmann, *Die Nato. Mächte und Menschen in der transatlantischen Allianz*, Berlin 2021.

Carsten Rechtien, *Trumps Amerika – Eine geopolitische Revolution? Tradition und Neuausrichtung der US-Außenpolitik in der beginnenden Ära Trump, Berlin 2022.*

Hans-Peter Weinheimer, *Bevölkerungsschutz 2030 – Anleitung zur Überwindung eines "bewährten" Systems*, Berlin 2022.

www.miles-verlag.jimdo.com